JN087171

遵守の強制から誇りある行動を導く

エモーショナルコンプライアンス

弁護士・ニューヨーク州弁護士

増田英次【著】
Eiji Masuda

中央経済社

はじめに

「コンプライアンス」という言葉や概念は，今や随分と世の中に浸透してきました。ビジネスパーソン以外の学生，主婦の方ですら，「コンプライアンス」を知らない人はもはやほとんどいないでしょう。

私は現在，日本および米国ニューヨーク州の弁護士として活動しています。

今年（2021年現在）で弁護士となってから31年が経ちますが，1998年から2002年の4年間は，メリルリンチ（現バンク・オブ・アメリカ）という外資系企業に社内弁護士として勤務し，後半の2年間は個人顧客部門の法務部長兼執行役員という役職にもありました。

だから，コンプライアンスの分野には，理論と実践の両者に相当早くから深く関わってきたといってよいでしょう。

そうした経験をもつ者として，この約20年の間にコンプライアンスの概念が企業社会のみならず，世間一般に広く知られるようになったことには感慨深いものがあります。

ただ，その一方で，困ったことに，いわゆる"大企業"の不祥事はまったく減っていない，むしろ，起きる不祥事の規模は大きくなり，かつてはあり得なかったような悪質な不祥事も頻発する状況には，とても強い危惧感を抱かざるを得ません。

私は，企業不祥事に興味をもった1995年頃から今日に至るまで，どうしたら企業において不祥事を減らすことができるかについて長年研究を重ねてきました。その結果，法律とは一見関係のない脳科学，認知科学，行動倫理学，運動生理学，心理学等から多くの学びを得て，本書で紹介するエモーショナルコンプライアンスの体系を構築してきました。その意味で本書は，過去約25年間の集大成ともいえるでしょう。

私は，この数年だけでも，フジ・メディア・ホールディングス，サンケイビル，NEC，京急グループ，JTグループ，auじぶん銀行，雪印メグミルク，旭化成，JR東日本，東北電力，富国生命，小田急グループ，伊藤忠リーテイルリンク，メルセデス・ベンツ日本，横浜市立病院，野村ホールディングス，野

村證券，東京海上ホールディングス，野村総合研究所，西部ガス，J-POWER グループ，東洋製罐，パナソニック（グループ会社），J.フロントリテイリング，国際協力銀行，日本政策投資銀行，第一生命，auフィナンシャルホールディングス等で役職員研修を行ってきました。おかげさまで，どの企業からもとても好評をいただいています。

コンプライアンスの世界で，自らが進んで想像力を発揮しながら対応するマインドと技術をどう理論づけ，身体に染み込ませて身につけていくか？　多くの役職員研修で得た学びや気づきを踏まえながら，本書でぜひ皆さんと一緒に取り組んでいきたいと思います。

令和3年5月吉日

弁護士・ニューヨーク州弁護士

増田　英次

目　次

第5章
コンプライアンスに創造的エネルギーを吹き込もう！

第6章
やってはいけないこと！ ——————————— 87

第7章
やったほうがよいこと！ ——————————— 97

いつまで経ってもコンプライアンスが根づかない本質はどこにあるか？

　東芝の不適切会計，同子会社の不祥事，スルガ銀行の不正融資，かんぽ生命等による不適切販売，日産やスバルの無資格者による車検問題，日産のカルロス・ゴーン氏をはじめとする経営陣の不正疑惑，そのおまけとしての，ゴーン氏の逃亡，関西電力の不祥事や前東京高検検事長の賭け麻雀，そして，2020年秋にはドコモ口座に紐付くゆうちょ銀行をはじめとした不正送金（出金）等と，一流企業やエリートが関与する不祥事は，最近のものをあげただけでも，数え始めたらきりがありません。

　一流企業やエリートと呼ばれる方の不祥事が多発している要因の1つに，
「公益通報が発達したことやSNS（ソーシャル・ネットワーキング・サービス）が生まれ，昔なら露見しなかったことが明るみになっているから」
という声もあります。

　たしかに，それも1つの原因でしょう。しかし，これだけを理由にしていては，本質的なレベルでの問題解決にはなりません。

　では，問題の根本はどこにあるのでしょうか？

　まず，最も大きな問題として指摘しておかなければならないのは，世の中の動きがこの十数年で激変したにもかかわらず，

<u>大きな不祥事を起こす企業（組織）の体質やあり方はほぼ変わっていない</u>
（コラム1）

という点です。

　むしろ，もしかすると，企業によっては後退しているかもしれないという状況すら見られます。

　ITが大幅に進歩し，AIが活躍し，企業のマネジメントスキルや経営手法等も見違えるほど進化，改革が進んだにもかかわらず，なぜでしょうか？

コラム1　変化に対応できない日本

　2020年9月21日付の日本経済新聞では，いまだに終身雇用の弊害もあり，労働市場のニーズを社会人の再教育に反映している割合が経済協力開発機構（OECD）加盟国で最下位と報じています。

　また，同日付けの同新聞によれば，テレワーク1つをとっても，生産性が下がった人の割合が，日本，中国，英国，イタリア，フランス，米国，ドイツ，メキシコ，ブラジル，インドのなかで，日本がダントツに多く「日本人は40％と，世界10か国平均の13％を大きく上回り最下位」と報道されています。

　さらに，同月22日付の同新聞によれば，日本の女性管理職比率は主要7か国（G7）中最下位です。ちなみに，2021年4月5日付の同新聞によれば世界各国の男女平等の度合いをランキングした「ジェンダー・ギャップ指数2021」でも日本は156か国中120位で，G7中最下位でした。

　このような現実をみると，「変化に対応できない」姿が浮き彫りになっています。

　ただし，朗報もあります。

　今回のコロナ禍で，大学や職場のあり方が在宅勤務をとおして大きく変わった結果，むしろ変化を望む層も増えてきているということです。2020年9月21日付の同新聞で松尾豊東京大学大学院教授は，

　「思考が変化に寛容になってきている。大学内の議論でも『柔軟だな』と感じる発言が増えている。」

> と述べているように，若者を中心に変化を「善しとする」風が吹き始めています。

■「不正をするな！パラダイム」が幅を利かせている！

　本質が変わらない原因を見ていくうえで，最初に考えなければいけないことは，私たちは「VUCA」[1]の時代の最前線に突入したという時代背景です。

　特に，私たちが生きているこの数年は，

「Volatility（変動性）」
「Uncertainty（不確実性）」
「Complexity（複雑性）」
「Ambiguity（曖昧性）」

といった4つの要因が非常に高まった社会環境にあり，先を見通すのがかつてないほど難しくなっています。

　VUCAの時代においては，今まで当然とされてきたことが，ある日突然，当然ではなくなってしまいます。つまり，世界がいきなり変わってしまって，どこに行って何を支えにどうしたらいいのかがまるでわからなくなってしまうのです。

　今般の新型コロナウイルス流行下の世界はまさにその典型でしょう。

　また，世界各国に目を向けると，中国とアメリカが貿易摩擦を激しく展開し，下手をすればリアルな戦争まで起きかねない状況になっています。同時に，日本は韓国との関係もあれよあれよと悪化。香港も民主化デモに端を発した混乱状況にあるといった具合に，少し前には予想もしていなかったことが，矢継ぎ

1　現代の経営環境や個人のキャリアを取り巻く予測不能な状況。2016年にダボス会議で使われ始めた頃から注目を集めるようになりましたが，もともとは，1991年にアメリカ陸軍戦略大学校で使用され始めた軍事用語。

早に起きています。

　このように，予測不可能でかつ複雑化した問題が頻発するなかでは，「計測できる世界」がどんどんと減っていきます。計測できる世界とは，昨日，今日，明日と同じような日々が続き，過去のやり方を踏襲してさえいれば，将来の安定も確保できる世界です。試験でいえば，"過去問"を解いてさえおけば，これから受ける試験にも合格できるというものと似ています。そんなかつての方法論や思考法が，今ではもうほとんど通用しなくなりつつあります。

　ブラックスワン[2]は突然起きます。そのうえ，「ブラックエレファント[3]」がもたらす災害や損失も尋常ではないレベルで生じます。それにもかかわらず，このVUCAの時代にあって，コンプライアンスをめぐる環境だけは，

　「相変わらず変わっていない」どころか「むしろ時代の流れに逆行して悪化している」。

　これが，コンプライアンスの偽らざる現状でしょう。

　過去の不祥事を踏まえた教訓や，官庁の指針，ガイドラインをまとめたような"べからず集"は，以前にも増して精緻化されていますが，相変わらず「これをやっちゃいけない」「あれをやっちゃいけない」という命令と監視に終始して，**そのまま思考が停止しています**。しかも，違反があると，**厳罰を科して**，違反者を消し去ることに精一杯で，再発防止といっても，実効性をあまり伴っていません。

　コロナ禍で，いわゆる「自粛警察」が話題となりましたが，企業のコンプライアンス違反に同調圧力がかかると，第三者委員会からの糾弾も相まって，これでもか，これでもかと会社が世間から責められる点は，企業も個人の場合とほとんど変わりません。それでも，その会社が良くなるなら話は別ですが，実際には，相変わらず同じような不祥事を起こしている事例が後を絶ちません。この現状に，コンプライアンス担当者はもちろんのこと，経営陣も頭を抱えて途方に暮れているケースが少なくないと思われます。

　なかでも，金融機関のコンプライアンスの世界は，かなり深刻です。

2　マーケットにおいて事前にはほとんど予想できないが，起きた時の衝撃が大きい事象。
3　起きることはみんな予想できてもなぜか放置される事象。

　少し前から，海外だけではなく，日本の金融庁もコンダクトリスク[4]に注目するようになってきました。現に日本でも，2019年に大手金融機関が金融庁から受けた業務改善命令があります。この件では，必ずしも法令違反が認められなかったものの，金融庁は業務改善命令という重い処分を下しました。

　これまでの金融機関は，金融庁（旧大蔵省や金融監督庁）が指針やガイドラインを出せば，それに従っておけばいいという時代が長く続いてきました。いわゆる護送船団方式です。

　しかし，時代は2000年前後から大きく変わり，金融庁は，さらに数年前から「ルールベースからプリンシプルベース[5]」に舵を切り，ついには，法令違反でないような行為にも行政処分を下すようになってきたのです。

　このように，金融機関は，金融庁の指針に従ってPDCAを回すというだけでは全く通用できない世界に何年も前から突入しているのですが，多くの金融機関では，プリンシプルベース，コンダクトリスクという言葉が独り歩きしているだけで，相変わらず思考停止のまま，PDCAの波に「溺れて」いることが少なくありません。その結果，一番肝心な対応が抜けていて，例えば，ドコモ口座の不正送金（出金）のように，不祥事が少なからぬ金融機関で起きてしまうのです。

　部分だけが異様に緻密になりすぎて，全体的視野が欠け，問題点の見落としをかえって増やしている……

　このことは，内部統制でも同じことがいえます。**精緻になればなるほど，現場では実は，単にチェックリスト化するだけで，どんどんと形骸化（思考停止）している**のです。これがコンプライアンスの現状，または，不都合な真実

4　もともとは，2012年に英国のFSA（Financial Services Authority）において，いわゆるLIBOR事件を契機に取り入れられた概念。「顧客の正当かつ合理的期待に応えることを金融機関が第一に自らの責務として捉え，顧客対応，金融機関間のやりとり，市場における活動をもって責務を果たすこと」が「コンダクト」であり，法令に違反していなくても，顧客保護，市場の健全性，有効な競争に悪影響を及ぼすリスクを「コンダクトリスク」と定義づけるもの。

5　詳細なルールをベースとする考え方から，尊重すべき主要な行動規範・行動原則をベースとする考え方。

ということができるでしょう。別の言い方をすれば，「量」は十分でも「質」が伴っていない，または，「質」がカチコチすぎて融通無碍に対応できるような「柔らかいもの」になっていないということです。

「一寸先は闇」の不確実な変動性の高い世界において，プランは必要ですが，年初に計画を立てたそれを「大切に」回し続けるという「だけ」では，もはや意味がないどころか，かえって弊害を生むことは明らかです。その間にビジネスは大きく変わり，プランが意味をなさなくなっているからです。

このような旧来型のコンプライアンス（体制）を私は，

「不正をするな！パラダイム」（もしかしたら「パラダイス」のほうがふさわしいかも……）

と呼んでいます。

企業のコンプライアンスにおいて，どれだけ「プリンシプルベース」，「コンダクトリスク」，「フィデューシャリーデューティー」（受託者責任）のような素敵な横文字を使って「姿」を変えていても，また，インテグリティ（高潔さ）などと謳ってみても，**本質・根本が変わっていなければ意味がないのです。**

■「不正をするな！パラダイム」の不都合な事実その1 ―変化を嫌う

「不正をするな！パラダイム」で決定的に欠けている視点は何でしょうか？

1つ目は，先ほど述べたVUCAの時代に，コンプライアンスへのアプローチを「動的」に捉えるという視点が抜け落ちていることにあります。

コンプライアンスはビジネスを支えるものですが，その前提たるビジネスが180度変わっている（変わらざるを得ない）のに，我々の行動やコンプライアンス（体制）が今までのまま，せいぜい過去の延長線上にあるまま……でよいわけがありません。

今，ビジネスに限らず，世界では，

・「幸福感なくして成果なし」（従業員4万人の世界トップクラスの米電力会社）
・「インセンティブや法だけでは繁栄が築けない。善き「徳」に導かれた人が不可欠」（サミュエル・ボウルズ）
・「収益性や成長，市場シェアよりも存在目的が組織の意思決定を導く原則」（フレデリック・ラルー）
・「倫理的かつ他者考慮的な動機だけでは，見知らぬ者同士での相互作用が行われる経済の良い統治にとって不十分」「私的悪こそ公的善」という（新）古典派経済学的考え方から，「誰もが，自分の功利主義的な目的だけで導かれるようなところでは，……どんな社会システムもうまくいかない」（ヨーゼフ・シュンペーター）
・成功の定義は「物質的な成功」よりは「内なる成功」（平穏な心を手に入れる）（ロルフ・ドベリ）

という価値観が改めて重要視されるようになってきています。

　したがって，ビジネスを支える価値に劇的な変化が生じている以上，コンプライアンスにおいても，

　まったく新たな視点と発想のもとで，しかも，単に法令を「遵守」するだけではなく，法令[6]を一歩も二歩も越えていくという姿勢を「自らが主体的に創り出していく」新たなマインドや世界観

がどうしても必要になってきているのです[7]。

　この先の見えない時代には，誰かの言った意見に従っていく，もしくは，誰

6　今のコンプライアンスは法令には「社会のルールや倫理までも含まれる」と定義され，さらに「社会の要請に応える」と広く定義されているものの，その実態はよくわからず，結局，現場では使えるツールになっていません。その結果，狭義の法令と官公庁の要請だけが相変わらず拠り所になっているのが実態です。
7　前掲注6のように，近頃，コンプライアンスを「社会の要請に応える」と定義づけることが少なくないですが，同調圧力が強い日本でこれを強調しすぎると，単に忖度，強い者の言いなりになるという負の側面がかえって浮き彫りになってしまうので，私は，基本的にそのような定義を使いません。

かの作った指針に従っていくということではなくて，自分とは何か？　自分は
どこへ行くのだろう？　自分のミッションは何なんだろうか？　ということを
深く掘り下げて生きていくことが，個人においてはますます求められるように
なってきます。これは，企業社会においても，まったく同じことがいえるで
しょう。それは，我々のミッションは何だろうか？　我々は何を社会に貢献で
きるのだろうか？　そのために私は自分の所属している組織で何をしたいのだ
ろうか？　どんな行動がふさわしいのだろうか？　と考えることにほかなりま
せん。

　本質を変えない現状維持・思考停止と厳罰主義だけの「不正をするな！パラ
ダイム」では，これからは，ますます時代の変化に対応できなくなることに，
まずは，しっかりと目を向ける必要があります。

■ 「不正をするな！パラダイム」の不都合な事実その2 ─脳で理解していても身体には沁み込んでいない

　先ほど述べた「根本を変えるための問いを考え続けること」は，近頃ようや
く，企業社会でも真剣に行われるようになってきました。しかし，実はそれだ
けではまったく足りません。

　これまでにも，日本企業では，CSR，Diversity，ESG，SDGsと綺麗な横文
字が一定のサイクルで流行るものの，実際にはまだまだ定着度は低い状況です。
昨年くらいからは，「Purpose」も新たに強調されるようになってきましたが，
これだけでは相変わらず不十分です。

　また，先ほど述べた「ブラックスワン」や「ブラックエレファント」のリス
クも，多くの人は気づき始めているのに，実際はこのリスクを敏感に感じ取っ
ている人は多くありません。なぜでしょうか？　答えは，「頭」でしかこれら
の概念を理解していない点にあります。

　つまり，足りないのは，

　「頭や形だけではなく，身体で感じ取れるようになること」

別の言葉にすれば,

「頭だけではなく,身体と一体になって感じ取っていくこと」

なのです（これを「臨場感（リアリティ）」と呼びますが,後から詳しく説明します）。

　例えば,自転車は,乗って,転んでみないと,乗れるようにはなれません。また,スポーツは通信教育では学べません。料理だってそうでしょう。何事も身体に染み込ませてこそ,初めて「もの」になるのです[8]が,コンプライアンスだけは,いつまで経っても理論の世界だけで止まっており,「失敗したら,こんなことをやったら何が起こるか」,「成功したら,誇りある行動を取ると何が起きるのか」を身体で感じ取っていく機会もなければ,それに意味も感じていないのです。ここに大きな問題があります。

■「不正をするな！パラダイム」に欠けている視点その1 　―わかっちゃいるけど変えられない

　この「身体に染み込んでいない」ということは何も「概念の理解」だけにとどまるものではありません。

　「不正をするな！パラダイム」では,多くの場合,不正のトライアングル[9]をもとにして,再発防止策を練ります。しかし,不正は一向になくなりません。それは,後に説明するゼロ・トレランス（不寛容）が引き起こす問題もさることながら,もっと根本的には,

　問題点や岐路にぶち当たったときの「対処法や思考方法そのもの」が身体に染み込んでいない

8　2021年3月29日付日本経済新聞では,日本製鉄社長 橋本英二氏が,「行動や実践を通じてしか知識や精神は磨かれないという意味の『事上磨錬（じじょうまれん）』を座右の銘とする」と紹介されていますが,まさにこのことを意味します。
9　不正は,動機,機会,正当性が揃うと行われるという理論。

という根本的な問題があるからです。

　現状のコンプライアンスはまったくといってよいほどこの問題に焦点を当てていません。

　我々は，すでにやってはいけないということはたくさん学んできました。でも，現実には，「やってはいけないことを学ぶだけ」では，まったくもって足りないのです。なぜなら，「実際にはやりたいことをやってしまう」ことを防げないからです。この点，eラーニングを「死ぬほど」やっても不正はなかなか減らないことを考えれば，容易に理解できるでしょう。

　この問題は，のちほど（第12章）も詳しく述べますが，行動倫理学上「限定された倫理性」といわれています。

　やってはいけないことと，やりたいこととの認識のギャップをどう埋めていくかということに，頭のみならず「体」を使い染み込ませる

　これを繰り返し，繰り返し行い，そして，その過程で得た智慧，経験をたくさん自分のなかに貯めて実践することにより，初めて行動が伴ってくるのです。

　私たちは，陸の孤島で社会と断絶して生きているわけではなく，常に「悪魔の囁き」とともに生きています。withコロナならぬ，

　「with悪魔」の世界で，それでも，結果的に正しいことをやっていかなければいけない

のですから，もちろん簡単なことではありません。でも，だからこそ，もっともっとあらゆる智慧を応用して，この厳しい世界を乗り越えていく必要があるのです。

　ここで，少し具体的な例を出してみましょう。

　例えば，関西電力事件。原子力発電の是非が世の中で問われているなかで，電力会社として，未来のあり方を率先して示す必要が迫られているのに，一部の役員はもっぱら昔の慣習に従って外部の者と癒着をしていたことが一昨年大きく問題となりました。

　この行動は本当に善いのか悪いのか？　おそらく関係された当事者は全員悪い（少なくとも誇らしいことではない）と思っていたと推察しますが（でなければ問題外），実際の行動は変えられませんでした。

　また，記憶に新しいところでは，前東京高検検事長の賭け麻雀の件も同じでしょう。検察のほぼトップにいる方が，緊急事態宣言発令の間に，それも賭け麻雀をすればどういう影響があるか，少し考えればわかるはずです。それだけの地位も名誉も法的知識もある方でさえ，やはり行動を制御できなかったのです。

　また，このことは，近時の総務省接待疑惑でも同じでしょう。

　このように，頭でわかっていても行動が伴わない，という深刻な問題は，何も関西電力の取締役や前東京高検検事長だけに限ったことではありません。

　我々全員の問題・課題でもあり，「明日はわが身」なのです。

　我々は「限定された倫理性」を乗り越えていく道筋や鍛錬方法を真剣に考えて，実践していかなければならないのです。

■ 「不正をするな！パラダイム」に欠けている視点その２ ─ゼロ・トレランスでは通用しない

　さらに言えば，「不正をするな！パラダイム」に欠けている視点は，不正や不祥事が生じた後の対処方法そのものにあります。

　通常，不祥事が起きたときは，必ず再発防止策を練ります。ところが，これがなかなかうまく機能しません。なぜなら，根本・本質が変わっていないのに，表面だけを変えようとするからです。これは，コンプライアンス体制の問題を表すために，以前よく言われた，「仏作って魂入れず」とは少し違う問題です。

　コンプライアンスの分野では，私の知る限り，多くの担当者は（好きでないかもしれないけれど）懸命に取り組んでいます。だから，「それなり」に魂は入っています。

　しかし，その取組みにあたって問題なのは，

　不正は絶対に「起こってはいけないもの」「組織として恥ずべきもの」「撲滅すべきもの」

という発想です。もちろん，それは一面では正しいわけで，「不正をして何が悪い！」「私のせいではない！」と開き直られるのは最悪です。ところが，これが度を過ぎると，「とにかく絶対，二度と起こさせない」，「今度不正をしたらタダではおかない」という，完璧を求めるモードに変わってしまいます。しかし，現実には不正はなくなりません。だから，経営陣は混乱し，現場にさらなる締めつけを要求し，現場はますます疲弊し，また，不正が起きるという，負のスパイラル一直線ということが起きてしまっているのです。

　この「1つの失敗も許されないモード」をゼロ・トレランス（不寛容）といいます。

　別の言葉にすれば，減点主義，つまり，成功するのが当たり前で，成功しても加点はないが，1つでもミスがあれば許されず，（評価において）減点のみが幅を利かす制度ともいえるでしょう。硬直的な組織では必ずといってよいほど，このような風土が見られます。このような風土では，再発防止策がかえって負のスパイラルを強めて，組織が良くなるどころか，どんどんと腐っていくことがしばしば起きるのです。この負のスパイラルを克服するのが，「レジリエンス」です。詳しくは，のちほど（第5章）述べますが，今までのように

　「法律を完璧に守る。守れない者は厳しく処罰するという，法律は常に100%守られるべき（だから失敗したら処罰する）という所与の前提に立つ世界感」

を捨てて，

　「そもそも100%法令遵守ができることはあり得ない（ゼロ・トラスト）。むしろ失敗はあって当然。でもそれを前提に，失敗しても，小さく，早い段階で解決して素早く元に戻っていく。そして失敗前よりも結果的により良い世界を創っていく」

ことがとても重要になってくるのです。

　レジリエンスは「大きなゴールを設定しつつ，ダウンサイドを小さくする（負のエクスポージャーを減らす）」（ナシーム・ニコラス・タレブ『反脆弱性』ダイヤモンド社，2017）ともいわれています。そういう世界観とそれに基づく我々の行動がコンプライアンスの世界にも強く求められるようになっているのです。人生の多くが失敗や試練，困難からしか学べないように，組織においてもそれは同じなのです。だから，

　　不祥事はある意味，「未来を変えるための贈り物」

と考えることが必要です。そのくらいの大胆な発想の転換が今，求められているのです。そこまで過激ではなくとも，例えば，今流行りのわかりやすい言葉にすれば，

　　「免疫力の高い組織を作っていく」

ことが求められているということもできるでしょう。

　新型コロナウイルスを例にとっても，感染しないことが大前提ではなく，感染しても大きなことにならない，人に移さない，そして素早く立ち直って，個人の活動もビジネスも継続させることが肝要です。すなわち，これが「免疫力の高い組織を作ること」なのです。このような組織に向けて，我々はビジネスもコンプライアンスも行動も変えていく必要があるのです。

　失敗しても素早く元の状態へ，そしてさらに元よりも良い状態へと回復していくレジリエンス（自己回復力）をコンプライアンスの世界に導入することが，これからは極めて大切になってくることをぜひ覚えておいてください。

■「不正をするな！パラダイム」に欠けている視点その3 　　　―プライベートと企業社会が断絶している

　そして，最後の重要な問題。

それは，「不正をするな！パラダイム」では，私生活上の不祥事を減らせないにもかかわらず，単に会社という生活の一部にすぎない視点で一生懸命に解決の道を探ろうとしている点にあります。

多くの企業では，役職員のプライベートな時間での不祥事に頭を悩ませていると思います。ここで典型的な例として，カルロス・ゴーン氏の逃亡事件を考えてみましょう。

どれだけ会社でルールを厳格に作ったとしても，それが実際に守れるか，行動に移せるかどうかは別だということは述べましたが，会社でどれだけ立派なことを言っても，プライベートでの行動が大きく社会のルールから外れていると，コンプライアンスは「絵に描いた餅」になってしまうことは自明でしょう。日産での不祥事（特に有価証券報告書虚偽記載）が本当に刑法違反に該当するか，また「人質司法」といわれる日本の刑事プロセスについては，議論のあるところでしょうが，少なくとも，逃亡事件については，ゴーン氏なりに言い分はあるものの（それに理解を示すことができる部分は多々あるものの），法治国家に住む者の行動としては，およそ許されないことは明らかです。

また，企業のなかには，職場のパワハラやセクハラ対策として「異性間の上司と部下の食事は禁止」「二次会は禁止」「タクシーには男女1対1で乗ってはいけない」などのルールを細かく設けているところが実際にあります。これは「不正をするな！パラダイム」の典型的なアプローチですが，実はこの方法では，パワハラもセクハラも本当に回避できることにはなりません。それ以前に，皆さんは，中学生・高校生の頃に経験した校則のような規則に縛られる会社で，長く，楽しく働きたいと思うでしょうか？

したがって，これから我々が考えていかなければならないのは，会社は会社，個人は個人，会社とプライベートは別，というように，この2つを分離するのではなくて，両方を融合，統合して，より良いプライベートを作り，より良い会社（組織）での活動を実践していく，この両者を統合していく視点で物を捉えていくことが必要となるのです。

昭和の時代には，長らくプライベートも会社の延長となっていましたが，これからは，どちらかの延長ではなく，両者を活かしつつ「両者を融合・統合」するという，1つ上の視点で，会社とプライベートを同時に考えていくことが

必要です。だから，これからは，

　「ワークライフバランス」ではなく，「ワークライフコンソリデーション」

なのです。詳しくはのちほどお話しましょう。

■エモーショナルコンプライアンス

　このような，「不正をするな！パラダイム」を乗り越えるために私が提唱しているのが「エモーショナルコンプライアンス」，略して「エモコン」です。
　エモーショナルコンプライアンスとは，旧来型の「不正をするな！」といった他律的な管理支配型のアプローチを見直し，

　「正しいことをしようよ！」

という内発的動機に基づいた自律的発展成長型のアプローチへとコンプライアンスを変換しようというものです。そして，単にコンプライアンスの枠を超えて，「遵守の強制」から「誇りある行動の推奨へ！」とパラダイムを変えることを目指しています。
　現代のように，予測することが難しい世界の領域が広がり，人が必ずしも合理的に行動しないような社会環境においては，細かなルールを設定することよりも，1人ひとりがコンプライアンスを自分のものとして考えられるようになることが求められています。今までは至上命題だった「遵守」から，単なる遵守を超えて，我々がもう一歩先に向かった何かを創造していくことが，これからは強く求められる時代になってきたのです。
　そこで，第2章からは，私の実際の講演をベースに，さらに，いろいろな事項を加えて皆さんに新しい世界を講演形式で紹介していきたいと思います。

第2章

コンプライアンスは
好きですか？

「皆さん，コンプライアンスは好きですか？」「楽しいですか？」

　この質問は，私が企業でコンプライアンス研修を行う際，参加者に最初にお尋ねするものです。皆さんも，ここでご自身に問いかけてみてください。

「コンプライアンスを実行に移しているとき，もしくはそれを考えているとき，あなたは楽しさややりがいを感じていますか？」

　コンプライアンスの定義やイメージは個々人によって違うものですが，実はいずれの場合も「はい，好きです！」「楽しいです！」と自信をもって答える人はいない，というのが日本企業の現状です。
　研修の参加者の反応は，大きく2つに分かれます。
　まず1つ目は「質問が意味不明」という反応です。その真意を掘り下げてみると，「コンプライアンスというものは社会の要請であり，やらざるを得ないものだ。実践しなければ会社が潰れる。好きか嫌いかということはそもそも考えたこともない。だから何を質問されているのかよくわからない」という感じです。
　主に伝統的な優良企業で，組織内のヒエラルキーが強い企業であればあるほど，こうした答えが多く返ってきます。なかでも，金融機関にはこの割合が多

い。

　もう1つの主な反応は，「コンプライアンスは嫌いだ」です。これは，ごく普通というか，ほとんどすべての企業で見られる反応です。面白くなければ楽しくもなく，"やらされている感"が非常に強いというものです。

　「面倒」
　「形式的すぎて」
　「難しすぎ」
　「誰のためにやっているのか全然不明」
　「綺麗ごとだけでビジネスが回るほど世の中甘くない」

という声もよく聞きます。また，営業色の強い事業，もしくは営業部門においては，

　「コンプライアンスは営業の邪魔をしている」

という意見が多い傾向にもあります。素直な意見としては，

　「まじ，うざい」

というものもあります。

　では，実際にコンプライアンスを担当する部門，裏方の人たちの意見はどうでしょうか。これまた「コンプライアンスは嫌い」という人が圧倒的に多いのです。

　その理由はまず，効果測定が不明瞭であることが挙げられます。どこまで行えば効果があるかがわからず，のれんに腕押し状態でやりがいを感じない。また，「自分が完璧じゃないのに，人に『やれ』と言うのが心苦しい」「コンプライアンス部にいると会社で嫌われる」という「真面目」な日本人ならではの意見も多いのです（コラム2）。

 コラム2　コンプライアンスに対する日本企業と外資系企業の「意識」の違い

　外資系企業における反応は少し違います。「コンプライアンスは好きだ（少なくともやりがいがある）」という人が，2～3割は存在するケースが少なくありません。私はメリルリンチ（現バンク・オブ・アメリカ）での勤務経験があり，外資系企業にも少なからぬ不正の例があることを見聞きしています。だから，外資系企業のマインドが素晴らしいと言いたいわけではありません。

　ただ，誠実性や高潔さ（インテグリティ）という概念が，日本企業より浸透していること，また，キリスト教文化が背景にあり，さらに，個人の自由を自らの手で勝ち取ってきた欧米では，「正しい」ことをすることや，少なくともそれを考えることにあまり抵抗がありません。

　その意味では，儒教文化のなかで育ち「正しいこと」には常に権威の趣が隠れ，どことなくとっつきにくい，堅苦しいという感覚がある日本人が多数を占める日本企業の企業文化とは異なる側面があるように感じます。Diversity，ESG，SDGsという概念の浸透度や実践度においても，外資系企業に一日の長があると思います。

　たった1つの質問で，企業の風土や文化がすぐわかってしまうのはおそろしいことでもありますが，この「コンプライアンスは好きですか？」という質問は，本質的な課題に直結するものです。本書において，皆さんに，最初から最後まで一貫して考えていただきたい大きなテーマでもあることを，ぜひ忘れないでください。

■「好き」「楽しい」にならなければならない，科学的な理由

（第1章でも紹介した，）エモコン。それは，

① 「不正をするな！」から「正しいことをしようよ！」にパラダイムを転換し，
② コンプライアンスを人の役に立つ，より良い製品やサービスを提供して胸を張って利益を出すための必要なガイドと捉え，
③ 「誰のために」「何をしたいのか？」を内発的動機に基づき自ら考え，直面する課題や問題点に取り組む思考法であり，
④ 同時にそのような思考を現実的な創造的行動に移すマインドの使い方であり，そして，
⑤ 解決に至るまでのプロセス

を指します。

　簡単に言い換えると，「不正をするな！」というマインドや組織のあり方を，人の役に立って嬉しい，誇らしいという感情を大切にして「正しいことをしようよ！」「誇りある行動を取ろう！」というマインドに変換するというものです。

　エモコンにおいて，とても重視しているのは，

「コンプライアンスを好きになる」，もしくは，「楽しくなる」マインド

という「自らの素朴な情動」です。といっても，綺麗ごとを皆さんにお伝えしようと考えているわけではありません。また，理屈抜きに「とにかく好きになれ！」と感情論や精神論で押しつけているわけでもありません。

　実は，好きか嫌いかという主観やそれに伴う嬉しい，楽しい，誇らしいという感情を伴う情動が，人間の思考のみならず行動にも非常に大きな影響を及ぼすことが，すでに科学的にも解明されています（コラム3）。

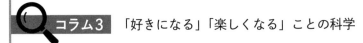 **コラム3　「好きになる」「楽しくなる」ことの科学**

　好きになる，楽しくなるということがいかに重要かについて，エリック・バーカーは『残酷すぎる成功法則』（飛鳥新社，2017年）のなかで，

「起こっている事柄に関して，見方や発想を変えたストーリーを自分に語りかける」という「認知的再評価」という仕組みを述べ（同124頁），「（面白い）ゲームの仕組みを活かせば，退屈な瞬間を愉快なものに変えられる」ことを紹介しています（同124頁）。ここでいう，面白いゲームの仕組みとはWNGF，つまり勝てること（Winnable），斬新であること（Novel），目標（Goals），フィードバック（feedback）です（同125頁）。

　また，経営における好き，嫌いという感情の重要性については，楠木建一橋大学大学院国際企業戦略研究科教授の『「好き嫌い」と経営』（東洋経済新報社，2014年）や，『「好き嫌い」こそ競争戦略だ』という動画＜https://www.ashita-team.com/jinji-online/event‐report/2988＞を，ぜひ参考にしてみてください。

　その観点からすると，多くの人が「嫌いだ」と回答している現在のコンプライアンスには，実は非科学的なやり方がまかりとおっていて，科学的にみると，「なるべくして嫌いになる」方策がてんこ盛りになっているということも言えます。私は，このような視点を含め，弁護士として企業のコンプライアンスに取り組むなかで，法律の枠を離れてさまざまな勉強を重ねてきました（コラム4）。

コラム4　コンプライアンスのテーマが好きだから……

　私が，企業犯罪に興味をもったのは，弁護士としてのキャリアの出発点となった西村総合法律事務所（現西村あさひ法律事務所）時代に，事務所が関与した大和銀行NY事件という，90年代に起きた最も大きな企業不祥事にアソシエイト弁護士として関わったのがきっかけでした。私は，そもそも最初は検事志望で，大学時代には，当時の大学のみならず学会でも「名物教授」だった故渥美東洋中央大学名誉教授の刑事訴訟法のゼミにほぼ4年間滞在したという，いわゆる企業法務を扱う弁護士としては，やや

異例のバックグラウンドをもっています。

　その後，留学先のイェールロースクールやコロンビアロースクールでも企業犯罪の研究をしたり，クラスを取ったりするなどして，勉強を重ねてきました。

　結局，検事にはなりませんでしたが，結果的には，市井のなかで不正事案の対策を専門の1つとする弁護士になったのも，この分野がやはり「好き」だということに関係があるかもしれません。

　そうしてたどり着いた結論は，先の見通しがきかない，継続性のない社会環境，不確実な社会で，コンプライアンスをより良い形で遂行していくためには，法律のみならず，脳科学，認知科学，心理学，行動倫理学，運動生理学等といった人間そのものを知るための科学的な知識をふんだんに取り入れ，もっと多面的かつ複眼的にコンプライアンスを捉えていく必要があるということでした。

　そこで，以下では，コンプライアンスそのものについて語る前に，私たちの認知の仕組みについての理解を共有しておきます。

　「人間はどうやって物を認知し，行動に移しているのか？」

　私たちはまず，五感で認知を行います。シックスセンス（第六感）が発達している人もいますが，認知の基本となるのは視覚，聴覚，味覚，嗅覚，触覚の5つの感覚です。そのなかでも人間は，視覚から非常に多くの情報を集めています。視覚に何かが映ると，それが意識に上がり，何であるかを理解し，判断するという一連の作業が，私たちの脳内で日常的に行われている，と長く考えられてきました。

　ただし，ここにはいくつかの壁が存在します。例えば，

「認知の壁」
「納得の壁」

「理解の壁」

「行動の壁」

と呼ばれるものです（コラム5）。

 コラム5　　ウェブ会議は「壁」だらけ？

　近頃，東北大学の川島隆太教授が，Zoom等ウェブ会議の問題点を指摘していますが，これはコンプライアンスにおいても極めて重要です。

　Zoom等のウェブ会議では，基本的に視力と聴力でしか相手を認識できないため，頭に入る情報量も対面会議と比べて少なくならざるを得ません。その結果，認知や理解納得度が低くなる危険があり，理解・納得や行動にも影響が起きやすくなる可能性があります。

　だからこそ，オンラインでコンプライアンス研修を行うときは，より多くのチャネルで情報を拾う工夫が必要なのであり，これが後から説明する，私がVRをオンライン研修に取り入れる理由の1つでもあるのです。

　「認知の壁」とは，物事を理解し，判断する過程で働く私たちの意識は，果たして全方位的に働いているのかどうかという問題です。例えば，AさんとBさんという別人が同じものをそれぞれの視覚に映したときに，まったく違う理解をしているということがしばしばあります。

　また，「行動の壁」は，認知したことを行動に移せない，つまり，やるべきことがわかってはいても，行動できないというものです。

　どちらの"壁"も心当たりがある人は多いのではないでしょうか。ちなみに，第1章で述べた「限定された倫理性」もまさに，認識と行動のギャップに根差しているものです。

　視覚から意識に上がり，理解し判断すると先に述べましたが，現在の認知科学では，この脳の動きにおける「無意識」の働きの大きさが指摘されています。

視覚に物が映ったとき，無意識がそのなかにある情報と照合し「これはこういうものだ」という評価をし，その結果が意識に上げられるというものです。当然，無意識ですから，私たちの頭のなかでは「今，無意識と照合している」という自覚はありません。

この無意識が，認知において非常に重要なポイントとなります。具体的な例を挙げましょう。

納豆が嫌いな人がいます。物心がつくかつかないかという頃から納豆が嫌いで，大人になった今でも食べられない。たいてい，嫌いな食べ物は子どもの頃に決まってしまっているのですが，ここに無意識が大きく影響を及ぼしています。

なぜか？　無意識は「情動記憶」[1]という感情を伴う記憶によって成り立つとされています。すなわち，好き，嬉しい，楽しい，興味がある，怖い，気持ち悪いなどといった感情にフィットする記憶の集合体が，無意識と呼ばれるものの正体です。別の言葉ではブリーフシステム，信念，または大雑把にはマインドと呼んでもいいと思いますが，個々人の信念や考え方の骨格になるものが無意識です。

子どもの頃に無意識に埋め込んだ「納豆が嫌い」という情報は，「怖い」という感情にも近いと思います。この恐怖心は大人になってから「嫌いだ」と思う以上に大きなインパクトがあり，その人のマインド深く根雪のように残っています。もっとも普段は，納豆が嫌いだという感情は意識に上っていません（だから無意識）。そんなことを寸分違わず考えながら（意識しながら），仕事をしている人は存在しません。しかし，一度納豆を見れば，無意識の「恐怖」という感情が意識に上がり，納豆を食べないという行動が決定づけられます。

私たちの行動は，意識的に決められているように見えますが，実は，行動する際の真の司令塔はこの無意識なのです（【図表２－１】）。

1　情動記憶については田島大輔＝苫米地英人監修『マインドの教科書』（開拓社，2021）44頁以下がとても参考になります。

【図表２−１】無意識の果たす役割

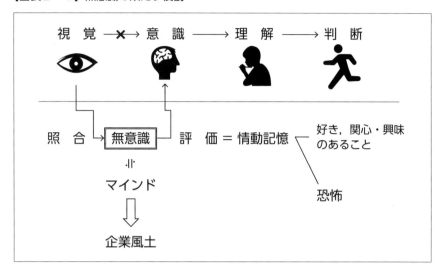

■無意識を変えることで，行動は変わる！

　さて次に，納豆が嫌いな人にいくつか条件を与えてみます。例えば，「納豆は健康にいいから食べなさい」と言われたらどんな反応をするでしょうか？おそらく高い確率で，やはり納豆を食べません。なぜなら，意識の世界は「健康にいいから」といった**合理的な説得であっても，いろいろと反対の理由（言い訳）を考えて簡単には動かない**からです。ここに大きな問題があります。意識や理屈は我々の行動を決めているようで，実はそうではなく，しかも合理的とわかっていても行動を変えられないからです。なぜなら，**司令塔の「無意識」が変わっていない**からです。

　コンプライアンスにも同じことが言えます。

「不正をすればクビになる」
「下手をすると会社自体がなくなる」
「21世紀の責任ある企業としてコンプライアンスは最重要のテーマ」

といったことは，多くの人が理解できるところですが，それらの理屈を正確に理解できるとは限らないし，仮に理解をしたからといって，人間はそのとおり行動できるわけではありません。なぜなら，無意識における判断が司令塔になっている以上，コンプライアンスへの（嫌いという）無意識を変えないまま，意識だけ変えようとしても，結局のところ，行動には結びつかない（行動は変わらない）からです。

　ここで先ほどの納豆の例に戻り，さらに別の条件を加えてみましょう。勤め先の社長が忘年会で「君，納豆が嫌いなんだって？　1つぐらい食べなさい」と，目の前に納豆が提供されました。「ボーナスを弾むから，食べなさい」と。さて，どうするでしょうか？

　今日なら，社長のパワハラが指摘されかねない状況ですから，こんなことを命ずる社長は少ないと思いますが，仮にいるとすると，その場におかれた少なからずの社員は，食べようと考えるのではないかと思います（特に40歳過ぎになるとなおさら……）。コンプライアンス研修の参加者からもそのような回答が寄せられており，「社長が言うなら喜んで」という人も，必ず一定数います。「健康にいいから」と言われても食べないものの，自分の評価に影響をもつ権力のある人が「食べなさい」と言うと，途端にしぶしぶであれ「わかりました」と食べようとするのです。

　無意識は，嫌いなものを進んで食べるという行動を基本的に選びません。そして，合理的説得を受けても，意識が勝つことはなく，無意識に刻み込まれた嫌いという感情が行動をしないという選択を行います。しかし，無意識の世界において，単なる嫌いをとおり越して，「行動に移さないとヤバい」という「恐怖」と結びついていると，むしろさらなる嫌なこと，恐怖を避けるために目の前の嫌なこともやらざるを得なくなることが生じます。その典型が，違反に強い罰則などが働くため仕方がなく行動をせざるを得ない場合です。

　自分が困難に陥る際は，それを避けるため，無意識の世界では，好きではないものの，さらなる不利益や厳罰を避けるために，恐怖感という無意識の指令に基づいて行動を仕方なく起こすことになるのです。

■コンプライアンスと納豆は友達？

　この"納豆嫌い"とコンプライアンス嫌いには，深い共通項があります。どういうことでしょうか？

　実は，この2つの話では次元が違うようでいて，脳の動きにおいては同じことが起きているのです。コンプライアンスを嫌いだという人は，面白くはないものの義務感から取り組んでいたり，もしくは「やらなければ減給。左遷もありえる」と強制されて仕方なく行っています。でも，自ら進んで行わないマインドにあると何が起きるか？　それは，強制力がなくなったとき，例えば，誰も見ていない状況になると「まあ，いいか。誰も見てないし」と，その行動を途端にやめてしまうことです。

　納豆だって，先ほどの例を考えた時，食べることを命じた社長が急な用事で目の前から立ち去れば，納豆嫌いな人は即座に食べるのをやめてしまうのがほとんどでしょう。

　ここから導き出されることは，

「自分の行動を真に変えたければ，意識ではなく無意識を変えなければならない」

ということです。

　無意識が変わらなければ，意識の世界でどれだけ説得されても「ふ〜ん」と頭のなかを右から左に聞き流しているだけで，根本は何も変わりません。つまり，無意識，ブリーフシステム，マインドを変えなければ，最終的な行動を一時的ではなく，継続的に変えることはできないのです。

　では，どうすればよいでしょうか？　詳しくは次章に譲るとして，ここで簡単に述べておくと，無意識を構成する情動記憶には，好きなもの，関心・興味のあること以外では，「恐怖」しか残らないとされています（コラム6）。そうすると，嫌いなものを好きになること，恐怖ではなく，関心・興味をもつことに変えていくことが，実は無意識を変える大きなポイントになってくるわけで

す。だからこそ，冒頭で尋ねたとおり，コンプライアンスが「嫌いなまま」でいることには大きな問題があるのです。

　好きになること以外にも，無意識を動かす方法はありますが，詳細は次章に譲るとして，ここでは，まず「好きになること」の大切さをどうか心にとめておいてください。

コラム6　情動記憶

　情動記憶の「好き」が行動を決めているわかりやすい例は，オタクです。無意識に記憶された「好き」を原動力に，好きな道を極めている状態です。一方，トラウマ（心的外傷）は，幼い頃に親に暴力を振るわれたことなどによる「恐怖」が無意識に残る事例です。そのトラウマゆえに，自分の子どもに暴力行動を起こすという負の連鎖にもつながる場合があることは，誰でも理解できるところです。また，無意識レベルにおいて恐怖感で支配されている時は，現状維持の壁を乗り越えられません。恐怖でコントロールする（される）ことにいかに問題があるかは，第6章で，別途詳しくお話します。

■好きや楽しさを阻害する「正しさ」という言葉

　無意識を変える具体的なメソッドに行くまでに，ここでもう1つ，根本的な疑問について検討しておきましょう。それは，納豆ならともかく，コンプライアンスを好きになることなど不可能ではないか？　ということです。まさに"Mission　Impossible"というわけです。いくら，無意識を変えることの重要性，そして，好きになることの必要性がわかったとしても，そもそもそのような対象になりえないのであれば意味がありません。

　そこで，ここでは，なぜコンプライアンスがそれほど嫌われるのか，本当に好きになる対象になりえないか？　について簡単に分析してみることにしま

しょう。

　コンプライアンスの最大の敵は，実は「正しさ」にあります。正しいことを目指すのにそれが最大の敵になるという矛盾はどういうことでしょうか？

　私が長年コンプライアンスの研修を行って気づいたことは，多くの人は，正義や正しさに，苦手というか，どちらかというと嫌悪感を直観的に抱いているということです。なぜ「正しさ」は嫌われる，少なくとも疎まれるのでしょうか？

　私たちは，小学生の頃に道徳を習っていましたが，どこかで「綺麗ごと」と思っているところがあり，また，風紀委員が規則を監視し，正しくあるべき姿を追い求めていた人たちを，どこかで「フンっ」と思って，心の中では小ばかにしていたことはなかったでしょうか？　実際に，小中高でモテる男子は，品行方正の生徒会長よりは，ちょっぴり不良チックな，でも，優しい人であったりすることが少なくありません。要するに，「できすぎ君」は，人の心をつかまないのです。

　それは，企業社会になっても同じです。「正しいこと」をすること自体やそれを声高に叫ぶ人たちは，概してウケが悪く，表向きはともかく，実際には多くのビジネスパーソンの間で，正しさは腹落ちしないもので，あるべき規範とはなりにくいのです。会社のコンプライアンス関連部に所属する者は，

「頭が固いな」
「いいね，プロフィットセンターじゃない者はお気楽で」
「もう少しうまくやってよ」

と多くの者から揶揄されているのが実態です。

　さすがに，バブル時代のような「多少の向こう傷は問わない」，露骨なノルマ・利益至上主義を是とする風潮はなくなりましたが，それでも，大なり小なり「正しいこと（綺麗ごと）だけをしていては，利益は稼げない」との考え方もビジネスパーソンには，依然刷り込まれています。少なからぬ会社がいまだ有形無形のノルマを課し，その達成の有無「のみ」に「ニンジンをぶら下げている」ことも，いまだこのようなマインドがなかなか消えない原因になってい

ます。また，愛，平和，正義，正しさ等は，そもそも胡散臭いイメージもあり
ますし，正しさには常に権威が付きまとっているイメージもあるため，「上か
ら目線で偉そうに綺麗ごとばかり述べている」と思われやすいという原因もあ
るでしょう。

　このように，正しさを求めすぎると，実は多くのビジネスパーソンには，い
つまで経ってもコンプライアンスが好きになれないという負の影響を及ぼすこ
とになりかねないことをぜひ知っておく必要があります。

■「中庸」な「まあまあ」の正しさとは？

　しかし，エモコンを実践するにあたって「正しさ」を避けてとおるわけには
いきません。

　そこで，「正しいことは何か」という議論を，神学論争ではなく，実務で役
立つレベルで捉える工夫がどうしても必要となります。そのヒントは，何で
しょうか？

　およそビジネスの世界に限りませんが，私たちが実社会で求める「正しさ」
とは，必ずしも「清く正しく美しく！」を意味しないし，そもそも「絶対的
な」あるいは「普遍的な」正しさなど存在しないと理解することだと思います。
諸説あるなかで，そう考えるほうがはるかに良い結果を得られる確率が高まる
と，少なくとも私は考えています。

　正しさをギリギリと求め始めるとキリがなく，結局はよくわからないまま，
ある段階でそれ以上考えても「無理」ということとなってしまいます。また，
考えが突き進んだ結果，宗教戦争のように原理主義に陥ってしまい，他者の不
正義（他者から見れば正義）を「一切」許さないという極端な正しさとなって
しまうことが間々あることは，ご承知のとおりでしょう。

　そこで，

　正しさは「求めるべき」だが，必要以上に「こだわらない」

ということが重要になってきます。

　また，特にビジネスの世界では，100％完全無欠の正しさよりも（そもそもそんなものが存在するかは怪しいですが），**ステークホルダーの納得感や透明性のほうが求められることが少なくありません。**このような正しさは，「中庸な」，もっと簡単に言えば，「まあまあ」の正しさということもできるでしょう。

　では，実際にどのようにそれを求めるのか――いい加減ではなく，かといってまじめすぎずに（眉間にしわを寄せずに）どう正しさを求めるか――が次の重要な問題となってきます。

　その答えは，

　正しさを追い求めることに重きを置くよりも，そこに至るまでの不快さや不愉快さを排除し，快適な状況，ハッピーな状況を求めること。そして，完璧を求めないこと

にあると思います。

　快適さのみを求めると，単なる「快楽」を求めるというおかしな方向に行きかねませんが，「快適な感情」をうまく利用すると，実は，「正しさ」を哲学的に追い求めなくても，結果的に「正しいこと」ができやすくなるのです。例えば，人の役に立ったり，問題を解決してあげたり，人から感謝されたりすると，嬉しいという気持ちが湧きます。後に説明する「快適脳」が働いている場合です。パワハラを受けてうつ病になる人はいても，取引先や上司に褒められて嬉しい，誇らしいという気持ちになることが「イヤだ」「嫌いだ」「もう褒められたくない！」などという人はまずいないでしょう。

　また，完璧を求めれば求めるほど，「失敗は許されない」というモードに陥って，結局，最初から「正しさ」を敬遠するマインドが生まれてしまうのです（それを避けるには，先ほど述べたレジリエンスの発想がとても重要となります）。

　もし，コンプライアンスがこのような快適な状態やポジティブな感情に結びついたら，好きになれるチャンスはありませんか？　この点はとても大切なので，第5章で詳しく解説しますが，まず，ここでは，「コンプライアンス」も（プラスの）感情や情動を添えると，大いに好きになる可能性があることを理

解しておいてください。だからこそ，「エモコン」，「エモーショナル」コンプライアンスなのです。

■おそろしい敵は「私には関係ない」という他人事意識

　無意識を変え，それをエモコンにつなげていくという本題に入る前に，さらに2つ大切なことを述べておきます。

　1つ目は，無意識を変えることにも大いに通じることですが，コンプライアンスのおそろしい敵は「他人事」という意識です。

　「俺（私）には関係ない」
　「ああいう問題はうちの会社では起きないから」

といった他人事だと感じるマインド，無関心がどれだけ負の影響をもっているか，認識を新たにしていただきたいのです。

　他人事は，情動記憶，つまり無意識に響きません（正確には残りません）。好きでもなく，怖くもない。自分にとって関心の低いことには，行動パターンを変える原動力がまったくありません。こうした考え方がめぐりめぐって，非常に大きな問題，不祥事を引き起こすのです。

　皆さんは約10年ほど前に世間を騒がせた「オリンパス事件」を覚えているでしょうか？　過去の巨額な損失を，いわゆる「飛ばし」という方法で隠し続けた粉飾決算が明るみになり，刑事裁判にも発展した大きな企業不祥事でした。その調査の過程で第三者委員会の弁護士たちが作成した報告書には，「トップ主導により，これを取り巻く一連の幹部によって秘密裡に行われた」「会社トップや幹部職員によって不正が行われることを想定したリスク管理体制がとられておらず，これらに対する監視機能が働かなかった」「経営中心部分が腐っており，その周辺部分も汚染され，悪い意味でのサラリーマン根性の集大成ともいうべき状態であった」という内容の記載がありました。"サラリーマン根性"という表現を私は適切だとは思いませんが，無関心が不祥事発生の大きな誘引であったという問題の本質を，その報告書は言い当てていたわけです。

「好きじゃない，面白くない，楽しくない。でも，やらざるを得ない」とい
うマインドとともに「無関心」「他人事」が，コンプライアンスにとっていか
に大きな敵になるかということを，ぜひ心のなかにとめておいてください（コ
ラム 7）。

 **コラム7　不祥事の原因**

　実は，不祥事の原因には，無関心以外にも多くのものがあります。

　1 つ目は，強欲。いわゆる売上・利益至上主義。説明の必要がないほど
明らかな原因です。これは，「テイカー」の属性ということもできます
（コラム 12 参照）。ちなみに，日本監査役協会の報告書「企業不祥事の防止
と監査役」（2009 年 10 月 2 日）（少し古いデータですが今なお当てはまりま
す）によれば，「ワンマン経営，モラルの欠如，売上・利益至上主義，不
正慣行の放置・恒常化，法令遵守感覚の麻痺」が不祥事の原因となってい
ることが明らかになっています（同報告書 9 頁）。

　2 つ目は，「言い訳マインド」。次章で詳しく解説しますが，無意識の現
状維持機能が蔓延していると，この言い訳がとても強く作用します。「俺
は悪くない」，「社会が悪い」，「上司が悪い」，「会社が悪い」，「親が悪い」
……いえ，違います。悪いのは，自分なのです。

　3 つ目は，認識のズレや共感力の欠如。セクハラ，パワハラでお決まり
の「コミュニケーションのためにやっている」，「相手のことを思って」と
いう認知バイアス。「誰もそんなことあなたに頼んでいません！」という
相手方の素直な感情がわからないのです。これは，頭の良し悪しは関係あ
りません。むしろ，頭の良い人にこそ少なからず見られる現象です。

　4 つ目が自己保身。

　そして最後が優越感，劣等感です。優越感はエリートが行う犯罪に，劣
等感は非エリートまたはエリートか否かにかかわらず，自己承認欲求が極
めて強い場合に，不祥事の主な原因となります。

　それぞれの詳細は，本文のなかで述べていきます。

■変わるべきなのは，私かあなたか？

　最後に，もう1つ重要なことを述べましょう。それは，新しい「正しいことをやろうよ！パラダイム」に移行するにあたり，

　　誰の無意識を変えるか？

ということです。要するに，正しいことをするために，部下（他人）（の無意識）を変えるか，それとも「私」（の無意識）をまず変えるか？　です。答えはもちろん「私」です。このからくりを見ていきましょう。

　多くの場合，組織を変える，人を変える，部下を変えるという話になると，同僚や部下，つまり自分以外の誰かが変わるということを前提に諸策を考えることが多いと思います。でも本当に大切なのは，

　　相手を変えるために私（自分）を変えること

なのです。そのほうが実は早く組織は変わってきます。別の言葉にすれば，自らの他人へのアプローチを変えていく，まず自分を変えることによって人を変える。この流れを忘れないでほしいと思います。

　なぜこれが必要なのか？　まず，誰でもわかることですが，大人になればなるほど，人は可塑性を失い，「人から言われて変わる」ということは少なくなっていきます。小さい子どもであればともかく，大きくなればなるほど人から変われと言われても，抵抗感が増すばかりで，かえって意固地になって変わらないものです。それからもう1つ大切なことは，私たちは自分がもっている以上のものを人に与えることはできないということです。つまり，

　　自分の限界が他人に対するアプローチの限界になる

のです。

「コンプライアンスを好きになれ！正しいことをしろ！」と叫んでも，「私」
が変わらない限り，部下にはまったく響きません。

「あんただけには言われたくない！」
「おまえがいう？」

と言われるのがオチでしょう。
　変えなければいけないのは，まず「私」（自分）だということを肝に銘じて
おいてください（コラム8）。

 コラム8　　自分を変えないと，相手を倒せない？

　相手を変えるためには「私」をまず変えることが重要である，というこ
とは，武道の世界に明るい人なら，腹落ちしやすいはずです。
　私は，ある武道を習い始めてから数年が経ちますが，その世界では，相
手の打ち気を取って（引き出して），それをこちらが考える世界に変えて
技をかけることが極めて大切になってきます。そのためには，まず，相手
の「気」や「呼吸」が読めるようになり，かつ，自分の「気」と「呼吸」
をコントロールして，両者を統合することによって，相手を変える（打ち
負かす）ことが必要になってくるのです。つまり，相手を変えよう，変え
ようと思っているだけでは，決してうまく技をかけることができないのです。
　だからこそ，武道では，単に稽古で身体を鍛えるのではなく，呼吸法や
心，気を練る鍛錬をたくさん積むのです（気を練るための習いが「練
習」！）。これがあって初めて，相手がわけのわからないうちに投げ飛ば
されるというようなことが起きるのです。
　このように，相手を変える（投げ飛ばす）ためには，自分が相手の気を
読めるよう，「自らへの繊細さ」を上げていくことが不可欠であり，まさ
に「私」を変えることから始まっているのが武道の世界です。このことが，
個々人や組織のマインドを変えていくためにも強く当てはまります。

第3章

無意識（マインド）を動かす！

■現状維持を好む無意識，不快なものを避ける脳

　行動を変えるには，無意識を変えることだと前章までに述べましたが，その
ためにまず押さえておきたいのが，無意識の特性を知ることです。

　無意識というのは機能として非常におもしろいもので，それ自体を理解する
ことが無意識，もう少しわかりやすい言葉にすればマインドを変え，行動，ひ
いてはコンプライアンスの「質」を変えること，つまりエモコンにつながって
いきます。

　無意識には「放っておくと現状維持を好む」という特徴があります（【図表
3−1】）。現状維持こそが，無意識の"デフォルト＝標準設定"になっていま
す[1]。これには，私たちの脳の特性が大きく関係しています。脳には「自分に
とって有利なこと，快適なことに向けて行動するよう指示する」[2]という特性が
あるそうです。睡眠欲や食欲といった基本的な欲求はその最たるものです。ま
た，例えば，音楽を聴く，勉強をするなど，日常のどのような局面においても，
脳は快適を求め，不快を避けると言われています。では，現状維持とは脳に

1　別の言葉では「コンフォートゾーン」と言い表します。この点の詳細は前掲第2章注1・田島・
　96頁以下が参考になります。

2　萩原一平『脳科学がビジネスを変える』（日本経済新聞出版，2013年）68頁。

【図表3－1】無意識の特性

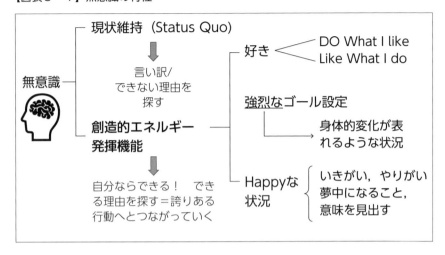

とってどういう状態なのでしょうか？

　昨日，今日，明日と起きることがまったく同じという状況を想像してみてください。考え，悩み，選択することなく，毎日同じことを繰り返すことで同じ生活が維持できるという状況です。こうした条件下では脳にストレスはかかりません。ストレスフリー，つまり，脳は"快適"な状態にあります。

　通勤を例に考えると，より実感しやすいと思います。朝，いつもと同じ時間に家を出て，いつもと同じバス，電車に乗って，決まった職場に向かう。このように毎日同じ行動を繰り返し，習慣化[3]すれば，逐一考えなければいけないことは減ります。通勤のルーティンのなかでは，移動しながらスマートフォンを見る余裕も生まれてくることでしょう。しかし，これが，いつものバス停が50メートルでも先にずれていたらどうでしょうか。毎日利用している電車の駅の改札口が封鎖されていたとすれば？　いつも乗っている急行列車がその日は停車しなかったら？

　このようにいつもと違う出来事を前にしたとき，「そんなバカな」と咄嗟に

3　人の行動の40％は習慣によることが明らかになっています（チャールズ・デュヒッグ『習慣の力』（講談社，2013年））。脳の省エネには役立つでしょうが，ことコンプライアンスにとっては敵なのです。

思いつつも，その都度考え，対応していく必要性が私たちの内に生じます。さらに，やっとのことで会社に着いたら，いるはずの上司も部下も不在で……。「予測不能なことが起きるかもしれない」と心配しながら生活するのは，脳に常にストレスがかかっている状態です。「今日はあの改札から駅に入れるだろうか」と，余計なことを考えなければならないからです。いわば毎日がサバイバルなわけです。

　一方で，習慣化したことを繰り返す分には基本的にノーストレス。男性ならネクタイを結んだり，靴の紐を結んだりと，考えずに行動できている状態です。脳にとっては考えないこととは，すなわち，楽な状態です。なぜなら，脳の消費エネルギーは存外に大きいのです。

　現状維持を好む無意識。不快なものを避ける脳。エモコンでは，こうした脳科学における知見を積極的に取り入れていきます。

■「現状維持」の何が悪いのか？

　一見，快適脳が働いているように見えて問題がない現状維持。これが，体温の維持のように，生きるために不可欠な機能であれば，何の問題もないでしょう。

　しかし，ビジネスにおいて現状維持が往々にして弊害を生むことは，皆さんには説明するまでもないことだと思います。VUCAの時代に，現状維持をしていては，もはや「死」を意味することは，誰でも理解できるはずです。そして，コンプライアンスの分野でも，現状維持は実は大きな問題を生じさせるのです。

　現状維持の弊害にはさまざまな事例がありますが，2013年頃に社会問題化した食品偽装問題は，そのなかでも顕著な例ということができます。産地などの食品偽装は現在も依然として存在する問題で，コンプライアンスの分野においても課題の1つですが，当時は「『絞りたて』という謳い文句で，濃縮還元のオレンジジュースを販売していた」「『伊勢海老』と言いながら，それより安価なオマール海老を提供していた」「オーストラリア牛をより高級な『国産牛』と偽って出していた」といったニュースが，連日メディアを賑わせていました。その頃，多くの飲食店では次のようなやりとりが交わされていたと考えられます。

> パート従業員：「店長，これは詐欺じゃないですか。絞りたてと言いながら，紙
>   パックからオレンジジュースを注いでいるのはよくない気がします」
> 店長：「世の中，正しいことだけでは通用しないんだよ。こんな不景気のなかで
>   杓子定規にやっていたら，レストランなんて潰れるよ。うちの店が潰れたら，
>   あなたもクビになって，行くところがなくなる。それでいいんですか？」
> パート従業員：「それは……。でも，やっぱりダメなことではないですか？」
> 店長：「このぐらいのことはね，**みんな，どこもやってるよ。**だから余計なこと
>   は考えないで，言われたとおりにやりなさい！」

「みんなやっているから」。これは，不正行為を行う際のマジックワードです[4]。これを言われると，今まで問題と思っていた偽装が，「多少の偽装はやむをえない」と考えるようになってしまいます。そこに雇用の力関係が加われば，こうした会話の末にパート従業員が「この組織で私が店長に歯向かうと，ろくなことがない」と考えることも珍しくなかったでしょう。

　ここで復習しましょう。脳は不快なことはしません。このレストランで店長に歯向かえば，どうなるでしょうか？　不快なことしか起きないわけです。

「クビになるかもしれない」
「クビにならなくとも店長から疎まれるだろう」
「会社が傾いた状況になれば真っ先にリストラされるか，給料を下げられるかもしれない」
「ボーナスも出ないかもしれない」
「周りから村八分になるかもしれない」

何にも良いことがないと想定されたら，1人で戦って不利益を被るより，

「ここは店長に従っておこう。みんな，やっているんだし」

4　マックス・H・ベイザーマン＝アン・E・テンブランセル『倫理の死角　なぜ人と企業は判断を誤るのか』（NTT出版，2013年）107頁。

と，自分をごまかすことのほうがはるかに楽で脳的には快適なのです。

　しかし，これが結果的には大きな問題を引き起こすことになります。しかも，このような状況に至ると，不正に気づいていても誰も声を上げなくなるから，隠ぺいもしやすくなり，不正は長く地下に潜ることになってしまうのです。

■不正を都合よく見落とす，現状維持の罠

　不正に対して不快に思っていた人が，自分に不利益が及ぶと悟ったことで，その間違いを指摘する自分の声に耳を塞ぐようになる。そして，「これはおかしい」と思っていたことが，急に気にならなくなる。

　この"都合のいい見落とし"を，前掲注４で紹介したハーバード・ビジネススクールの教授であるマックス・H・ベイザーマンと，ビジネス倫理の専門家，アン・E・テンブランセルは，「動機づけされた見落とし」，つまり「他人の非倫理的行動に気がつくと自分に不利益が及ぶ状況で，それを都合よく見落とす」（118頁）と説明しています。

　2017年から2018年にかけて明るみとなった，神戸製鋼や日産，スバルといった大手メーカーが，組織ぐるみで検査データの改ざんや無資格者による車検という不正を長年にわたって行っていた問題は，この「動機づけされた見落とし」が組織のなかで日常的になされていたために起きたことが推察されます。また，銀行員が書類をごまかして融資するスルガ銀行の不正融資事件も社会問題となりました。なぜ，これらのようなあり得ないことが長い間まかりとおっていたのでしょうか？

　「これくらいなら大丈夫。みんなやっているし」と，不正は日常のなかで起きていて，多くの人が数値のごまかしに気づいていたのに，誰も声を上げなかったことが推察されます。なぜなら，組織に歯向かえば，自分が不快な目に遭うからです。「数年後には転勤する。少しぐらいいい」と自分のなかに落とし所を見つけ，見て見ぬふりをした人もいたかもしれません。

　不正に気づいていても，あえて問題点を見ないようにする。このようなメンタリティが企業の現場の人々のなかに広がることが，不正が長く，深く潜り込んでしまう最大の理由なのです。

■言い訳をしてできない理由を探す

　さらに，この現状維持マインドは，都合よく不正を見落とすことからもわかるように，常に自らを正当化する方向へと自分を導きます。具体的には，「みんなやっているなら，自分も問題ない」という言い訳に始まり，何かうまくいかないと，

　「自分のせいではない，上司（部下）のせいだ」
　「会社が悪い」
　「無理なものは無理」

というように，

　「できない理由を探す」

マインドに陥っていくのです。
　一般的な傾向として，隠蔽が起きる企業は現状維持を善しとする体質をもっています。また，伝統的な企業，上下間の役割が明確なヒエラルキー型企業，"エリート"とされる人たちが多く働く企業は，現状維持指向が強いという特徴を感じます。既得権益という現状を維持することが，最も快適だからです。そして，新しいこと，未知のことについては，「誰もやっていない」として，否定的に捉えてしまうわけです。しかも，その企業に力があると，新しく芽生えてきた企業を潰しにかかる……。
　現状を善しとする職場の環境と企業不祥事。この両者の強いつながりを，声を大にして指摘しておきたいと思います。

■誰にでも起こり得る「集団の悪」

　現状を善しとする延長にあるものとして，もう1つ重要な現象を歴史のなか

で起こった実際の例を取り，ご紹介しましょう。これから紹介する例は，一見，企業不祥事とは関連のないように思えますが，実は企業不祥事に多く起きるマインドであることを知ってください。

　皆さんは，「集団の悪」[5]という言葉を聞いたことがあるでしょうか。世代によっては実感が伴いにくい史実かもしれませんが，1965年から75年にかけて，ベトナムを南北に二分するベトナム戦争がありました。この長きにわたった戦争はさまざまな問題をはらんでいましたが，なかでもひと際衝撃的だったのが，米兵によるベトナムの一般市民の殺戮です。攻め入った村の女性を強姦する。女性や子どもをも火炎放射器で焼き殺す。奇形児が生まれる原因となった猛毒の化学兵器，枯葉剤を大量に散布する。……戦争という名のもとで，非人間的な悪事が行われたのです。

　なぜ，こんなことを起こしたのか？　分析の結果，「専門化集団」が起こす「集団ナルシズム」の中では「退行」が起きるということがわかりました。俗に言う“赤ちゃん返り”ですが，自分でものを考えなくなってしまう状態です。このような心理的な状況にある人は，上司などから「やれ」と命令されれば，どんなことに対しても善悪の区別を考えることなく，

　　“Yes, sir.”

と実行に移すようになってしまう……。こうした集団における行動パターンがわかったのです。これが「集団の悪」です。

　戦時下の蛮行を行ったのは，悪人や不良と呼ばれる性質の人ではなく，平和な世界で暮らしていれば，“いい青年”“いいお父さん”と目されるような人たちだったわけです。

　この「集団の悪」は，企業という組織においてもまさに作動します。もちろん暴力的な行為というわけではなく，企業不祥事という別の形として出現するのです。

　人は1つの集団に長くいることによって，そのなかでの論理が当たり前のこ

5　M・スコット・ペック『平気でうそをつく人たち』（草思社，1996年）258頁以下。

ととなり，物事の善悪の区別がつかなくなる状況に陥る危険性があります。そして，そのような状況で「やれ」という命令がされれば，社会的に正しくないことでも躊躇せずに，またはいったんは躊躇しても結局は歯止めがかからずに実行してしまうのです。

　世間的にエリート，優良企業と言われていればいるほど，「自分が所属する組織は社会的に立派であり，素晴らしい」という思い込みや特権意識が強くなり，その現状を維持することが「快適」とされ，優先され，そのうち「我々ならこのくらいなら許される」となって本来の善悪の区別に鈍感になってしまう危険が高まります。その結果，「会社（組織）の常識は社会の非常識」ということが起こってしまうのです。多くの企業不祥事の背景には，このような事態があります。

　不正を働くのは，頭に血が上りやすい人，何でもすぐ暴力的な解決をしようとする人ばかりではありません。むしろ，真面目に働いてきた人も少なくないのです。

　インサイダー取引，脱税行為，隠蔽工作……。企業不祥事にもさまざまなものがありますが，それらは極悪犯罪者が引き起こしているのではありません。働く人なら誰にでも，私も含めてそのゾーンに足を踏み入れてしまう危険性があります。ほんの少しの心の隙に，不正を起こすきっかけは入ってくるのです。

　「うちの会社は素晴らしい。現状はハッピーだ」と思うこと，つまり誇りをもつこと自体は推奨されるべきことですが，「わが社は偉い，そこに属する自分も偉い」といった強いエリート意識やおごりが現状維持と伴えば，さまざまな問題を起こしかねません。そして残念ながら，私が身を置く弁護士，会計士や，医師などの国家資格を必要とする専門職に属する業界も，このようなマインドからつながる不祥事が起きやすい傾向にあります。

　このように，現状を快適と思ってしまう現状維持機能は，企業不祥事にも大きな影響を与えることをぜひ知っておいてください。

第4章

「創造的エネルギー発揮機能」を味方にする！

　現状維持を快適とする脳の特性を知ると，マインドは変えられないのかと思う人もいるかもしれません。

　いいえ，大丈夫です！　実はマインドは変えられます。なぜか？　実は，マインドには，現状維持とはまったく逆のもう1つの機能が備わっているからです。

　マインドには「創造的エネルギー発揮機能」というものがあります。創造的エネルギー機能は，アメリカの心理学者でコーチングの祖とも呼ばれる故ルー・タイスが名づけたものですが，私なりに「発揮」も付け加えて解釈すれば，現状を維持することが不快でたまらず，今日よりも明日，明日よりも明後日と，少しでも自分を成長させよう，改善しようというエネルギーを発動させる力です。つまり，現状維持機能とは真逆で，現状維持そのものが不快，変わっていくことこそに快適さを感じるのです。この機能が働くと，自分が思う以上に多くのことができるようになります。時として，絶対にできないと思われるようなこともやり遂げられます。創造的エネルギー発揮機能のパワーは，それほど大きいと言われています。

　創造的エネルギー発揮機能をよく理解するには，スポーツ選手の例がよいでしょう。私は弁護士ではありますが，オリンパスからもプロサポートを受けて，水中写真とスポーツ写真を主なテーマとする写真家としての活動も行っています。スポーツの撮影では，オリンピック，パラリンピック，世界選手権といっ

46

た国際競技の現場取材に出かけることもしばしばで，スポーツ選手との親交も
そのなかで生まれています。

　私が尊敬するアスリートの1人が，障がい者ノルディックスキーのトップ選
手，新田佳浩さんです。彼は数々の国際大会で多くのメダルを獲得している伝
説的な存在で，パラリンピックに至っては1998年の長野に始まり，ソルトレイ
クシティ，トリノ，バンクーバー，ソチ，2018年の平昌と，6つの冬季大会に
連続で出場を果たすという偉業を成し遂げています。

　新田さんがパラアスリートになったのは，3歳のときにおじいさんの運転す
る農機具に巻き込まれて左腕を切断したことがきっかけだったと言われていま
す。おじいさんは「俺の左手を孫につけてもらいたい」と思うほどご自分を責
めたそうです。しかし，縁あってスキーを始め，やがて頭角を現した新田さん
は，ノルディックスキーの日本代表選手にまでなったのです。

　2010年のバンクーバー大会では，なんと金メダルを2個獲得しています。オ
リンピック，パラリンピックともに同一の大会で金メダルを2個以上取ること
がどれだけ難しいかはたやすく想像できると思いますが，彼がさらにユニーク
なのは，そこで満足せず，次のソチ大会も目指したことです。アスリートには
みんな，肉体的なピークがあり，体力，精神力の下降が始まれば現役からの引
退を考えるものです。しかし彼は，4年後も第一線で戦うことを決心しました。

　その理由がまた格好よいのです。バンクーバー大会では，それまで自分を懸
命に支えてくれたおじいさんへの恩返しが，メダル獲得のモチベーションでし
た。それがソチでは，自分のために再びメダルを狙いたいと考えたのです。自
分の限界を超えてメダルに挑戦すること。それが新しいゴールでした。

　ところが，ソチ大会での最高位は4位。周囲からは「入賞だ。よくやった。
すごい」と評価されましたが，彼自身は満足せず，また次の平昌大会を目指す
ことにしたのです。平昌でのパラリンピックには，自分の限界を超えるという
ゴールに加え，「頑張る姿を息子にも見せたい」というさらに強いゴールが加
わっていました。

　そして，平昌で獲得したのは，金メダルと銀メダル各1個です。それは素晴
らしい試合内容で，金メダルがかかった決勝戦ではスタート直後に転ぶという
アクシデントがありながらの優勝でした。

新田選手のマインドは，創造的エネルギー発揮機能を発動させる十分な条件が整っていました。例えば，決勝戦で転んだときの考え方です。そのとき彼はすでに他のレースで銀メダルを獲得していましたが，「もうダメだ。銀メダルで十分だ」ではなく，

「まだ10kmある。大丈夫だ」

と考えたそうです。そして，金メダルを獲得しました。

現状維持は，先ほど述べたように自己正当化が"友達"です。「上司がこう言っているから」「これは私の責任ではないから」「私は知らないことだから」と，"できない理由"を並べ，事態を変えようとしません。

ところが，創造的エネルギー発揮機能が働くと，人は，

"できる理由"

を見つけ始めるのです。そして，

自分ならできる!

という，超ポジティブなマインドが生み出されるのです。

■創造的エネルギー発揮機能は，内発的動機のみによって生み出される

ただし，ここで注意することが1つあります。それは，創造的エネルギー発揮機能は，

自分自身がその気にならなければ発揮することはできない

ということです。他者からの指図や命令では作動しないのです。

　現状維持機能は，周囲から促されたり，周りの意見に左右されますが（朱に交われば赤くなる），それとは対照的です。

　管理職にある人なら，部下に何とか創造的エネルギー発揮機能を働かせたいと思うものでしょう。しかし，どれだけ上司に言われようが，たとえ社長に命令されようが，本人がその気にならなければこのエネルギーは出てきません。

　パラアスリートの新田佳浩選手とて，幼い頃の事故を周囲の人に慰められただけの状態や，スキーを強制的にやらされたりしただけでは，世界のメダリストにはなれなかったはずです。自らやると決めたから，パワーをもつことができた。逆に言うと，

　　自らがその気にならない限り，このパワーは絶対に生まれない

ということなのです（コラム9，10）。

　これを内発的動機といいます。創造的エネルギー発揮機能は，とてつもないポテンシャルをもった機能です。ただし，そのパワーを出すか出さないかを決めるのは，あなた自身だということをしっかりと頭に入れておいてください。

🔍 コラム9　私の内発的動機

　実は1995年に生まれた私の最初の子どもは，重度の障がいをもってこの世にやってきました。彼は人工呼吸器をつけて，意識もほとんどないまま，3年10か月の間，一度も小児病院から出ることなく，短い生涯を終えました。

　私がそこから立ち直るのに，10年はかかったでしょうか。その過程で「大変だったね」「かわいそうに」という多くの慰めや励ましを周囲からいただきました。周囲の温かさもとても励みになりましたが，今こうして前向きな活動ができるようになったのは，やはり自分のなかでスイッチが入ったからです。「残された者として彼のためにも精一杯生きよう。そのためには何ができるだろうか？」「自分の使命は何か？」との自問を繰り

返し，大きなゴールを見つけて歩み始めることによって，強いエネルギーが湧いてきたのです（拙著『人生を変える正しい努力の法則』（かんき出版，2014年））。

 コラム10　　「不可能は可能性」

　2018年の10月，私は他の３人のフリーカメラマンと，平昌オリンピックおよびパラリンピックで撮影した作品を展示する共同写真展を東京の銀座で開催しました。その際，ノルディック競技で見事金メダルを獲得した新田佳浩選手が来場され，私の仲間が撮った写真にサインをしてくださったのですが，そこには，

　「不可能は可能性」

という言葉が添えられていました。多くの苦難のなかから栄光を勝ち取った彼の考え方を表した，素晴らしい言葉だと思います。

　普通の人は，不可能だと思うことを前にすると，あきらめてしまうものです。しかし新田選手の場合は，そこに可能性を見る。つまり，不可能は可能性の宝庫だと考えるわけです。腕がないから無理なのではなく，腕がないからこそさまざまなことができるというのが，彼の発想なのです。

　強い心をもつトップアスリートだからできると思うかもしれませんが，創造的エネルギー発揮機能そのものは，誰にでも備わっています。そして，この機能が働けば，私たちの内にはとてつもないパワーが湧いてきます。"火事場のバカ力"は，私たち１人ひとりがもっているのです。

　まさに"Mission Impossible"が可能となります！

■３つの「創造的エネルギー発揮機能」の作動スイッチ

創造的エネルギー発揮機能が働くと，現状をさらに変えていこうとする大きなパワーが生み出されます。では，どうすればその機能を作動させられるのでしょうか。創造的エネルギー発揮機能をオンにするスイッチは３つあります。

---

① 好きなことを行う。
② 強烈なゴールを設定する。
③ ハッピーな状況をつくる／ハッピーな環境にいる。

この機能を作動させるほかの要素もありますが，この３つは特に有効なものと考えられています。３つがすべて揃えばベストですが，どれか１つでもオンになれば，創造的エネルギー発揮機能を働かせることができるのです。

それでは３つのスイッチを個々に紐解いていきましょう。

① 「好き」なことを行う

創造的エネルギーを発揮させるスイッチの１つ目は，好きなことを行うということです。無意識の機能を説明した際に，好きになることの重要性を少し述べましたが，実は，それは，「創造的エネルギーを発揮」するための重要なファクターだったわけです。

「好きなことを……」とお話しすると，必ず次のような反応が返ってきます。

「大谷翔平さんや大坂なおみさんみたいなスポーツ選手は才能があるからいいですよ。著名な芸術家やミュージシャンだってそう。でも，普通のサラリーマンには，そんな能力がないじゃないですか？」

組織に勤めていれば，異動や転勤といろんな状況の変化に対応しなければならないでしょう。昨日まで楽しく働いていた環境も，人事異動や社の方針転換

で一変するかもしれない。そんななかで「好き」を基準に仕事をするなんて無理だ，と考える人がいても不思議はありません。

　しかし，ここで改めて考えたいのは「好き」という定義です。「好きなことをやる」と聞いて多くの場合は，「Do What I Like＝自分が好きなことをやる」と受け取ると思います。これももちろん大切なことです。ただし，先のような反応があるように，全員が必ずしもできることではありません。

　では，どうする？　実は，この問題は，DoとLikeの位置を入れ替えてみることで解決できます。つまり，「Like What I Do[1]＝自分がやっていることを好きになる」ということです。または，自分がやっていることに「意味を見出す」，あるいは「やりがいを見出す」。こうした発想がとても重要になってきます。

　みなさんも日常的に，「Like What I Do」が実践されている場面を見ているのではないでしょうか。私自身の経験でいうと，シンガポールへの出張から羽田空港に帰国した際，飛行機のなかからある光景が目にとまったことがあります。飛行機が着いたのは深夜1時過ぎで外は強い雨が降っていましたが，飛行機の周辺にはずぶ濡れになりながらてきぱきと作業をする空港スタッフの姿があったのです。こうした人たちがいるから，飛行機は安全に飛べるんだということをつくづく感じました。雨に濡れながら働いていた彼らのほとんどは，前向きに誇りをもって仕事をしていたと思います。だからこそ，飛行機の安全は保たれ，利用者はつつがなく移動できるのだと私は信じます。

　このように，好きなことに取り組むということは，「好きなことだけをやりましょう」という意味では決してないのです。

自分が行うことに，意味を見出すこと

このことこそ価値があるのです。

　この社会に生きている人には，それぞれに「役割」があります。飛行機は，操縦するパイロット，客室乗務員，整備するエンジニア，安全を掌る管制官

1　この説明は，企業家の岩元貴久氏の講演が参考となっています。

……誰が欠けても飛行機は飛びませんし，着陸もできません。誰が偉い，優れている，という話でもない。それぞれの「役割」が違っているだけなのです。役割分担の意味を見出せたとき，その仕事を誰かに見てもらえているかということも，さほど気にならなくなります。まさにその役割を果たすこと自体が快適だからです。

　ただし，忘れていけないのは，好きなら「何をやってもよい」というわけではないことです。

　好きということは，新しい価値を生み出すことにつながっていることはとても重要です。趣味を除けば，社会に生み出す価値があってはじめて意味があるのです。この点，ヤフーのチーフストラテジーオフィサーである安宅さんは，「ゲームが好きだからただやるのは中毒にすぎない。……ひたすら探求して，自ら新しく問いを生み出せるかという視点で領域を見たほうがいい」と仰っています[2]。自分が好きなことをやっていくことによって，新しい価値を生み出していることにぜひ想いをめぐらせてみてください。

②　強烈なゴールを設定する

　障がい者ノルディックスキーの新田佳浩選手がパラリンピックでのメダル獲得の際，明確なゴールをもっていたということを先に話しました。

　ゴール設定は，創造的エネルギー発揮機能を起動させるのに非常にパワフルに働きます。ゴール設定のテクニックなどの詳細は第10章，第11章で改めて述べますが，ここでは「強烈な」とは何かを押さえておきたいと思います。

　私たちの内にとても強い創造的エネルギー発揮機能が働いているとき，身体にも変化が起きています。例えば，映画を観ていて，あるいは小説を読んでいて感動し，泣いた時のことを思い出してみてください。「ぽろぽろと涙が出てくる」「手に汗を握る」「胸が熱くなる」。また，ジャズでもロックでもクラシックでも，音楽を聴いていて鳥肌が立った経験もあると思います。

　こうした身体的な感覚が起きている時は，創造的なエネルギー発揮機能が出ている，または出やすいと言われています。「強烈な」とは，そのことを考え

2　安宅和人『シン・ニホン』（News picks Publishing，2020年）156頁。

ただけで，脳だけではなく，このような身体的な感覚を肌で感じるというものです。

　ただし，普段の生活のなかで涙を流したり，鳥肌が立ったりということはそう頻繁にあるものではありません。しかも，コンプライアンスの世界で起きることは通常皆無です。例えば，コンプライアンス・マニュアルを読んでいる人が泣いていたら，「なんで！？」と驚くか，「コンプラマニュアルに書いてある違反行為を犯して懲戒処分でもくらうのか。かわいそうに……」ぐらいにしか思わないでしょう。映画や小説は泣けるけれど，コンプライアンスのマニュアルでは泣けません。

　なぜか？　実はここに着目すべきポイントがあります。その理由は，

コンプライアンス・マニュアルは，「心をまったく揺さぶらない」

からです。

　もちろん，現行のコンプライアンス・マニュアルがすべてダメなわけではありません。近頃は，いろいろな工夫がなされるようになってきました。ただ，私のようなこのテーマに慣れている弁護士が読んでも，相変わらずほとんどのマニュアルはつまらない（しかもわかりづらい）のですから，なおさら，みなさんなら自ら進んで読みたいと思う人はいないでしょう。まして，感動の涙など出るわけがないのです。

　これをもう少しわかりやすい比喩で考えてみましょう。みなさんの目の前に世界地図があると想像してください。その地図をいきなり見せられて「感想は？」と聞かれたらどんな回答をするでしょうか？　おそらく，ほとんどの人は，ただ「地図ですが，何か……」と答えるだけでしょう。

　ただし，例外があります。旅行好きの人がいて，その人に対して「コロナ禍が終わったら，一番行きたい場所はどこですか？」と尋ねたら，または，次の休みにもう旅行の計画を立てていて，イタリアに行くことが決まっているときに，イタリアの地図を見せられたら，どんな気持ちになるでしょうか？　おそらく「わくわく」するのではないでしょうか？　仕事が終わって家に帰り，食事の後で地図を広げただけでも，いろいろな景色が目の前に浮かんできて，ど

んどんと想像が膨らんでいくのではないでしょうか？

　1枚の地図を見るにしても，状況が変われば見る人の気持ちが変わります。これが私たちの心の動きというものです。まったく興味のない，無味乾燥に見えた地図が，自分との関連性や興味が生まれることによって，途端に意味のある，面白い，心に響くものになるのです。

　私たちは感情移入をすることで，心が動き，マインドが変わります。この状態を別の言葉にすると「臨場感（リアリティ）を高める」[3]と表現することができます。人は，臨場感を強く感じることで心が動くのです。だから，映画や小説のように仮想空間の出来事でも，リアルな臨場感をもって描かれることで私たちの感情に刺さり，心は動きます（コラム11）。

　エモーショナルコンプライアンス（エモコン）では，「不正をやるな」と他者から言われ続けることではなく，「本当にいい会社にしよう。いいことをやろう」と内なる気持ち（内発的動機）を自然に高めることを目指します。そして，このゴールが"強烈"に感じられれば感じられるほど，臨場感が高まり，私たちのその気持ちを沸き立たせてくれるのです。"強烈な"ゴール設定は「好き」という気持ち同様に，臨場感を強力に牽引するのです。

　そして，人は，自分の琴線に何かが触れたとき，創造的エネルギー機能が発揮されて，さまざまなクリエイティビティも生まれてきます。この働きに年齢制限はありませんし，体力の衰えも関係ありません。むしろ，今まで培ってきた知識，知恵，経験がプラスに作用し，"できる理由"をよりスムーズに探せるようになります。"強烈な"ゴール設定は「好き」という気持ちと同様に，この働きも強力に牽引するのです。

　ちなみに，先ほど紹介したヤフーの安宅さんは，イェール大学で脳神経科学の博士号を取得していますが，科学者である彼が，未来の方程式として「未来＝夢×技術×デザイン」を挙げ，夢の重要性を述べています[4]。これは非常に重要なポイントです。私たちはゴールという夢，どうありたいかという世界観が

3　「臨場感」については，苫米地英人『図解TPIEプログラム　コンフォートゾーンの作り方』（フォレスト出版，2010年）34頁。臨場感が特にキーワードとなるVRとの関係では，舘暲＝佐藤誠＝廣瀬通孝＝日本バーチャルリアリティ学会編『バーチャルリアリティ学』（コロナ社，2010年）参照。
4　前掲第4章注2・安宅・59頁。

ないと、これからはAIすら使いこなせないわけです。未知の世界に行くから
「こそ」ゴールが必要であり、夢が必要である。そういうことを考えていって
ほしいと思います。

　コンプライアンスの分野でリーダーになるためには、組織のビジョンやミッ
ションの先にあるゴールや未来を、臨場感をもって見せられる人になることが
不可欠です[5]。ゴール、ビジョンやミッションは、ビジネスではもちろんですが、
コンプライアンスにこそ密接不可分かつ必要なコンセプトなのだということを、
まずここでは理解していただき、みなさんがより腹落ちするために、のちほど
述べるイメージトレーニングで、さらにこの「ゴール」について深掘りしてい
きたいと思います。

コラム11　なぜVRをコンプライアンス研修に使う？

　私は、2019年からコンプライアンスの研修にVRを使用してきました。
日本で初めての試みでした。内容により現実感と充実感をもたせるため
に、第2弾以降の作成にとりかかっていたところ、コロナ禍でリアル研
修ができなくなり、プロジェクトをいったん延期としていましたが、現
在では、新たにベンチャー企業のエドガ（www.edoga.jp）さんと組んで、
本格的なVRオンライン研修の開発に取り組んでいます。今年後半には、
新バージョンを公開する予定です。

　VR研修の効果は、PwCの分析でも、リアル研修に比べ、学習速度が4
倍、コンテンツへの心理的な結びつきが3.5倍、自分の行動への自信が増
大した割合が2.75倍、そして集中力がeラーニングの4倍になるという結
果が出ています（https://www.moguravr.com/pwc-vr-training-report/）。

5　ただし、ゴールやビジョンが組織内で常に全員において一致している必要は必ずしもありません。
　そのことについては第11章で詳しく述べます。

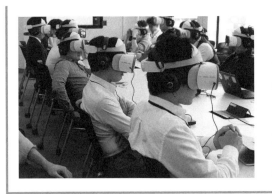

臨場感のあるVR研修を
ますます活用していきた
いと思います。乞うご期
待ください！

左図：グリー株式会社で行わ
れたVRを使用した研修風景

©GREE, Inc.

③　ハッピーな状況をつくる／ハッピーな環境にいる

　3つ目のスイッチの"ハッピーな"という要素は，より深くエモコンに関係
するものです。

　ハッピーな状況こそ重要だということを解明したのは，ハーバード大学で心
理学を教えていたショーン・エイカーです[6]。彼が明らかにしたのは，「成功す
る人はもともとハッピーな状況にあるから，多少の困難があっても乗り越えら
れる。彼らは挫折してもへこたれず，やがては艱難辛苦も乗り越えていく。そ
して，成功する」という事実でした。順番として先に来るのは，成功するか否
かではなく，ハッピーか否かなのです。

　では，ハッピーな状況とはどんなものでしょうか？　それは，生きがい，や
りがいをもっていることです（コラム12）。すなわち，夢中になれることがあ
ることです。または，自分が行っていることに意味を見出すことができること
だと言われています。

　ショーン・エイカーは，また，「自分の可能性を追求して努力するときに感
じる喜び」を「幸せ」[7]とも述べています。しかも，この状況にいると，想像力
が増して，新しいアイデア，今まで気づかなかった解決策もどんどんと湧いて

6　苫米地英人『コーポレートコーチング（上）』（開拓社，2015年）Kindle版も参照。
7　ショーン・エイカー『幸福優位７つの法則　仕事も人生も充実させるハーバード式最新成功理
　論』（徳間書店，2011年）57頁。

きます。クリエイティブで画期的な問題解決の道が発見できるのです。

　こうした状況にいれば，私たちは幸せを感じ，多少の障壁があっても乗り越えていけるのです。スポーツ選手が肉体的には辛くても，きつい練習をこなしていけるのも，少なくともマインドは「ハッピーな状況」にあるからなのです。でも，ここで少なからぬ人は，それがコンプライアンスと何が関係あるのか？と思うでしょう。

　"ハッピー"に関するこの3つ目のスイッチは特に大切な要素ですので，さらに詳しく見ていきたいと思います。

 コラム12　　「やりがい搾取」の「テイカー」に気をつけろ！

　「やりがい」や「いきがい」など綺麗な言葉を並べながら，実際は従業員を搾取する組織は意外に少なくありません。その際，組織のトップが「テイカー」か否かは，「やりがい搾取」犯かどうか見分ける良い基準となるでしょう。ちなみに，「テイカー」とは，アダム・クラント『GIVE & TAKE,「与える人」こそ成功する時代』（三笠書房，2014年）が，「常に，与えるより多くを受け取ろうとする人」と定義づけ（27頁），同書では，経営者のなかの「仮面をかぶった『泥棒』」を多く紹介しています。ぜひ参考にしてみてください。

■アンハッピーな状況と犯罪予備軍

　実は「ハッピーな状況」と「正しいことをする」の間には，密接な関係があります。人はハッピーな状況にあれば，「滅多なことがない限り」不正を行いません。詳しくはイメージトレーニングの章（第10章）で解説しますが，この関係性を確認するために，日本のビジネスパーソンが心理的にどんなハッピーな状況にあるのかを，まず見ていきましょう。

　7年ほど前，人事コンサルタントの楠木新氏がおもしろい論文をウェブ上

（東洋経済オンライン）で発表しました。論文のタイトルは「なぜあのオジサンは，働かないのか？」です。私自身の経験に照らし合わせても共感する部分の多い，とてもおもしろい分析でした。その分析を楠木氏が2014年に上梓した『人事のプロが教える　働かないオジサンになる人，ならない人』（東洋経済新報社，2014年）で紹介された図に，少し私なりに手を加えてマトリクス図で表現してみたのが，「アンハッピーな状況とコンプライアンスの関係」です（【図表4－1】）。「やりがい」を横軸に，「コミットメント」を縦軸にして，その高低で4つのグループ分類を表した図になります。

　楠木氏は，日本のビジネスパーソンは大学卒業後，約70％の人がマトリクスの右上のエリアに属していると分析します。仕事へのやりがい，社会や組織に対する忠誠心やコミットメントの両方が高まっている状態です。優秀で前向きな若い人材というイメージがそこから浮かびます。

　ちなみに，残りの約30％は，ほかの3つのエリアに分散されます。社会的に問題視されるのは左下のエリアに属する10％のグループです。やりがいをもたず，社会や会社へのコミットメントも低いという層です。コンプライアンスに対する意識も低く，SNSで誹謗中傷に明け暮れたり，悪くすると暴力行為と

【図表4－1】アンハッピーな状況とコンプライアンスの関係

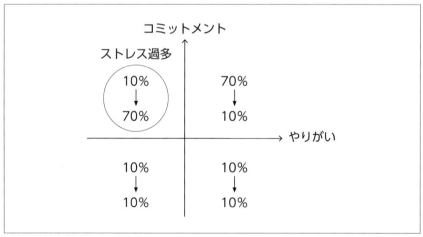

出典：楠木新『人事のプロが教える　働かないオジサンになる人，ならない人』（東洋経済新報社，2014年）をもとに著者作成

いった社会的な犯罪を起こす温床になりかねない心理状態だと解釈されます。

　ところが，楠木氏は，グループ分布の割合は時間の経過とともに変化すると分析しています。

　コンプライアンスとの関連で着目すべきは，右上のエリアにいる70％の人たちが50歳の声を聞く頃には10％にまで減少するという楠木氏の分析です。そして，その多くが左上のエリアに移動してしまうそうです。このグループは，仕事におもしろさを感じておらず，やりがいも少ない状態ですが，日本人らしいまじめさからか，会社や仕事へのコミットメントは高いという性格を有します。仕事にもはや，やりがいも生きがいも感じないけれど，住宅ローンがあるし，生活もあるので「やらなければ」という，義務感のみのマインドで心身ともに疲れた人物像ということができます。いわば**ストレス過多の状態**です。

　この左上のグループ，やりがいは低いがコミットメントは高いという層が抱える危険性は，コンプライアンスの世界においても実は由々しき問題です。ストレス過多の状態がさらに続けば，何かの拍子で暴発しかねないからです。やや過激な表現を使えば，「犯罪予備軍」と言ってもよいでしょう。

　時々ニュースにもなっていますが，会社帰りに酒に酔った人が電車の車掌や駅員，またはタクシーの運転手を殴ったりする事件があります。その被疑者は意外なことに，エリート企業で働く人が多い。しかしながら，精神的に未熟な若者が，羽目を外しすぎた，魔が差して……というのではなく，社会的地位も分別もあるはずの立派な大人が自制できないほど酒に酔い，結果とはいえ犯罪を起こすとはどういうことでしょうか？

　駅の構内などには「暴力は犯罪です」という注意を喚起するポスターが貼られています。日本独特のものとされる痴漢という犯罪も然りです。しかし，わかっていても自分へのコントロールを失い，真っ当と思われていた社会人が，ストレスのはけ口かのように不祥事を犯してしまうことが少なくありません。ちなみに，痴漢を犯した人のプロフィールをデータで見たとき，私は衝撃を受けました。「四大卒業，妻子もち，一流企業勤務」という条件の人が多かったのです。エリートと目されていた人が，自分で自分をコントロールできなくなることに，大きな問題があります。私たちはストレス過多にいると感情の制御ができなくなりますが，まさに彼らはアンハッピーな状況にいたのです。

　アンハッピーな状況にいることが犯罪予備軍への呼び水となることは，企業不祥事を未然に防ぐという観点からも，決して見過ごすことはできません。ハッピーな状況にないと不祥事が起きやすくなることは，このように逆説的な点からみると，より理解しやすいのではないでしょうか。

　ちなみに，コンプライアンスからは少し逸れた話題になりますが，日本は世界的に見ても自殺者の多い国です。この10年ほどは下降傾向にあり，2019年は全国の自殺者数がようやく2万人程度となりましたが，一時は3万人を超えるほどでした。これほど多くの人が自ら命を絶って亡くなることは国としても大きな損失ですが，自殺という悲劇で人生を終えることが多いという日本社会の問題が，企業社会においても重い課題を投げかけています（コラム13）。コロナ禍でも，自殺者が増えていることが問題となっていますが，この点も広い意味では，アンハッピーな状況であり，まさに「ワークライフコンソリデーション」が喫緊の課題であることにもつながっていきます。

コラム13　幸福感が最低な日本の子どもたち

　近頃，衝撃的なデータが出ていました。なんと，日本の子どもたちは，幸福感が先進国のなかでも最下位レベルにいるということです（ユニセフの2020年9月3日付調査結果）。

　未来の宝である子どもがこんな状況におかれていること自体，ゆゆしき問題ですが，その原因の1つには，子どものロールモデルともなるべき大人に「ハッピーな状況でない」人が多すぎる点もあると思います。この点は，今年3月に国連が発表した「世界幸福度ランキング」で，日本は相変わらず149か国中56位という低位置に甘んじていることからもうかがえます。

■パワハラの背後にある「認知的不調和」

　現代のビジネスパーソンにとって，パワーハラスメントやセクシュアルハラスメントは，非常に身近かつ深刻なコンプライアンス的課題です。多くの場合，ハラスメントの原因にはやはり，起こす側のアンハッピーな状況が深く関与しています。

　近年，企業のみならず，スポーツ界，例えば相撲，柔道や空手，レスリングなどの指導者によるパワハラへの告発が相次ぎました。そのニュースを受けて私が思ったのは，50歳半ば以上の年齢の人たちはパワハラを受けて育ってきた世代であること，そのため潜在的なパワハラ気質をもっているのではないかということです。

　私もその世代に当てはまります。同年代の人であれば共有できる経験だと思いますが，小学校，中学校，高校の部活は超スパルタで，今から考えると意味のないような練習，例えば，夏の炎天下に腕立て伏せ100回，うさぎ跳び100回といったことが普通に繰り返されていたような時代でした。「部活中は水を飲むな」というのもありました。そんな経験をもつ人が大人になり，マインドの転換ができず，ストレスが重なったら……。現代のパワハラ事例を見るにつけ，私自身，世代的にも意識して気をつけなければならない問題です。

　しかし，それ以上に問題なのが，パワハラをする側の人は，主に，アンハッピーなマインドの人が多いということです。より具体的にいうと，優越感と劣等感のバランスが崩れ，劣等感や自己承認欲求が突出してしまっている人が多いということです。

　劣等感が突出しているというのは，ここでは，当初から社会で成功できず劣等感に苛まされている場合を指していません。そうではなく，一流と言われる経歴を歩んできたのに，そして「自分は一流だ」と思っているのに，気がついたら，会社や組織でも認められない，出世できない，家族からも疎まれている……という状況です。鬱々とした気持ちがマグマのように溜まっている状態が強くなればなるほど，強い優越感を回復できなくなり，劣等感はさらに増していきます。

　このような状態が続くと，それを解消すべく人間の心は動きます。劣等感を排除し，優越感を回復させることを目指すのです。その一番手っ取り早い方法として，弱い者をいじめ，権威を笠に着て自らに従わせることによって優越感を満たそうとしてしまっているのです。こうした思考回路が，対価型セクハラやパワハラの元凶になっていると，私は考えています。

　だから，パワハラを起こす人たちに，「コミュニケーションに気をつけましょう」「弱い者をいじめてはいけません」などといくら言ったところで，あまり効果はありません。根本的な心理状況を解決しない限り治らないのです。一時的に止まってもまた繰り返すだけです。

　また，アンハッピーな状況にある人は，愚痴も多くなります。誰かの悪口もよく言います。裏でこそこそよからぬことを言っているのがせいぜい。そして，言い訳で自己正当化……創造的なエネルギーが湧き出るのとはほど遠い状況になっているわけです。そして，最後は「動機づけされた見落とし」の罠にはまり，気がついたら不祥事に関与しているということになってしまうのです。

　だから，

ハッピーな状況にいることは，コンプライアンスの観点からも極めて大切であることを忘れない

でください。そのような状態で快適脳を働かせることこそ，ビジネスパーソン，そして企業自体が今本当に真剣に考えるべきことなのです。まさに第1章で述べた「幸福感なくして成果なし」です。

　そして，なかでも組織においてさらによく考えなければいけないことは，「チームに不正を犯すような従業員が1人いるだけで，チーム全体の業績が30〜40％低下する」ということです[8]。つまり，組織においては，全員がハッピーになる方策を常に考えていかないと単に1人や2人がハッピーになっても意味がないということです。

　ここで，そんなの無理！　と思う人は，現状維持機能が働いている人です！

8　前掲第2章コラム3・エリック・バーカー・58頁。

ぜひ創造的エネルギー発揮機能を発揮して組織全体がハッピーになる方策を「編み出し」てください。

■企業不祥事や反社会性の行為をして快適脳が働いたり，ハッピーだと思ったりするのは偽りの快適さであり，ハッピーではない

ただし，ここで間違ってはいけないことが1つあります。それは，

　現状維持機能から，本来ならアンハッピーな状況でも，不快ではなく，快適さを感じてしまう危険

を十分に理解しておかなければならないということです。

　現状維持機能により快適脳が働く危険性についてはすでに述べましたが，ここではもう少し深く不祥事との関係を述べておきましょう。

　例えば，犯罪者のなかでも愉快犯と呼ばれるものがこれに該当します。近頃では，芸能人の自殺問題を機に社会問題となっている，SNSでの行き過ぎた誹謗中傷やコロナ禍での自粛警察を挙げることができるでしょう。誹謗中傷を行っている人の分析はいろいろなされていますが，肝心なことは，この人たちは自らが正しいと思っていたり，それをやり続けることに快楽を覚えていたり，一種の依存症のような状況に陥っていることが多いという点です。多くの人は，そこまで深く考えず，憂さ晴らしに，またはちょっとした不満で，またはむしろ内気な人が匿名になったとたんに無防備に暴走するケースが多く，本当に自分が正義と思っている人は，実は極めて少数派ですが，度を超すと，誹謗中傷や犯罪を行うことに快楽を覚えることが生じてしまうのです。いわゆる「誤った正義感」で自己満足している状況です。

　しかし，これらの人をより分析すれば，本当は，社会で認めてもらいたいだけ，注目されたいだけ，という動機で行っていることが少なくなく，実は「劣等感満載な心理状況」であったり，そういう環境のなかで，不快なことに慣れてしまい，その状態にいることが現状維持機能からかえって楽であったり（自

分を変えるにはエネルギー必要ですから），善悪の判断が壊れてしまったりするだけであって，当然，本来の「ハッピー」とは言い難いのです[9]。例えば，私も依存症に近い状態から，紆余曲折を経て無事普通の生活に戻ったことがある人と長い間接したことがありますが，この人たちは，やはり自分で自分のコントロールが効かなくなっており，依存状態をとめると，「誰かにとめてほしいと思っていた」と「安心」を口にします。薬物患者やアルコール，セックス，買い物依存症の人に典型的に見られる現象です。

私たちは，

社会に反する行為，独りよがりの行為で誰かを犠牲にしたうえで快適さやハッピーさを感じてはいけない（コラム14）

のです。

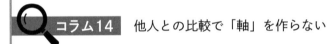

🔍 コラム14　他人との比較で「軸」を作らない

　人と比較し，「自分が上，自分が下」という価値基準でものを考える人は，特にこの傾向に陥りやすいと思います。ビジネスで競争はつきものですが，ライバル企業を蹴落としてしか自分たちの優位性を保てない，「古い」競争社会的思考にとどまっていると，感覚が麻痺して，

　法に触れなければ何をやってもよい→多少触れてもばれなきゃ大丈夫→強い者が勝って当然

というように，どんどんと負のスパイラルに陥ってしまいます。
　イメージトレーニングの章（第10章）で詳しくお話ししますが，『ティール組織』という本で紹介されている，まさに他者と対峙・敵対する際に効

9　大治朋子『歪んだ正義「普通の人」がなぜ過激化するのか』（毎日新聞出版，2020年）等も参照。

> 果を発揮する「衝動型パラダイム」の会社スタイル（エゴ，権力，力が組織運営のドライバーとなる組織）下での生き方をしている場合にこの状況が顕著に現れます。その意味でも，他人（他社）との比較で「軸」を作るのではなく，自分のなかに「ゴール」から「軸」を作る発想に転換していくことが大切です。

　一般のビジネスパーソンが，不祥事に積極的に関わったり，間接的であれ関与したりした場合（見て見ぬ振りをするのもこれに当たる），嬉しく，楽しく，誇らしく思うことはまずないのは当然です。人の役に立ったり，問題を解決してあげたり，人から感謝されたりすると，嬉しいという気持ちが湧きます。これが本当の「快適脳」が働いている姿なのです。

　ところが，実際には，不快なこと，不祥事が見逃されやすい現状維持の職場に長くいると，その状態にいること自体が実は表面上「快適」になる危険があります。例を見てみましょう。先ほども少し触れましたが，数年前に，大手メーカーにおいて，数値データを誤魔化したり，車検の不正が長年にわたり放置されてきたりした問題が露見しました。それらに関わった人の大半は，実際にはしぶしぶ，または気が進まないけれど，その不快さを「会社のため」「生活（家族）のため」と何か言い訳できるものに置き換えて，また，先に述べた「動機づけされた見落とし」にはまって，結果的に不正に手を染めてしまったケースが多いのではないかと思われます。

　隠ぺいが長く続く職場では，みんな不正をうすうす気づいていても，

「本来は悪いことだが，このくらいのことはみんなやっている」
「サラリーマンなら我慢せざるを得ない」

などと自身に言い聞かせて，自ら不快さを消し去るモードに入ってしまうことがしばしば見られるのです。このようなパターンに陥る理由は複数考えられますが，個人の観点から見てみると，意外にまじめな人に少なくありません。さらに言えば，企業人（社会人）として「やるべきこと」「あるべき姿」が先に

ありすぎて，「こうあらねばならない」という「『べき』論の呪縛が強すぎる」場合が少なくないと感じます。

　つまり，強迫観念的な「清く正しく美しく」ですが，この「べき」論があまりに強すぎると，また，まじめであればあるほど，理想（正しいことをする）と目の前の現実のギャップに対応できなくなって，結果的に理想を手放し，あるいは無理に自分を押し殺して，会社や他人のためと思って働き続ける（あるいは不正をし続ける）ことになりかねません。この状況は，放っておくと麻痺してしまい，最悪の場合，そもそも不正をすることが少なくとも表面上は不快でなくなってしまうというおそろしさがあります。そして，その度合いが強くなると，消極的に不祥事に巻き込まれるだけでなく，積極的に不祥事を犯すマインドに変化する危険すら生じるのです。「私はこれだけ残業で虐げられているから（あるいは顧客にボロクソ罵られたのだから），このくらいは許されてもバチは当たらない」「会社（あるいは顧客）の金で飲み食いして何が悪い！」として，過剰な接待，会社や顧客のお金の着服，あるいは弱い者いじめ（下請けいじめ，パワハラ，セクハラ）を平然と行うようになってしまうのはその典型でしょう。

　また，不快感が麻痺しなくとも，不快な状態からの鬱憤を晴らすため，一時しのぎとして盗撮や痴漢等の破廉恥罪を行ってしまうことも少なくないのです。しかも，こうした不快な状態や責任転嫁は，周りや組織に伝播しやすく，不正が横行する企業を見ればわかるように，組織の環境が個々人に及ぼす影響力は実に大きいのです。

　この状態を放置すると，不祥事に手を貸すだけではなく，仮にそうでない場合でも，知らず知らずのうちに追い込まれて，最悪は突然死や過労死といういたたまれない結果を招くことにもなりかねません。実は，快適と思っているのは表面的だけで，奥底にはすごい不快さとそこから逃れられないストレスが蓄積されているのです。

■「真の快適脳」を働かせてハッピーな状況になるためにはどうしたらよいか？

　ストレス過多の状況や不快なことを快適と思ってしまう状況を作らないためにはどうしたらよいでしょうか？

　それには，まず，不快な環境を自他ともに作らないこと，つまり，不快なことを極力やらない（やらせない）ことです[10]。すなわち，真にハッピーな状況になるためには，まず「初歩的ステップ」として，「不快なことを極力やらない」ことから始めるのが重要です。

　そもそも，「正しいことをやれ！」「常に清く正しく美しくあれ！」と言われると，（なかなかそうはいかないので）気が重いですが，「不快なことはやるな！」と言われると，意外に「そうか！それでよいのか」と気が楽になることが少なくありません。多くの場合，不祥事や不正は，感覚が麻痺したり，依存症にでもならない限り本来不快なことです。つまり，不快なことを極力排除すれば，結果的に違法行為につながる行動を減らすことがかなりの確率で可能となるはずです。

　ただし，重要なのは，「不快なことをやらない」ことには「ステージがある」ということです。

　最初の一歩は，

**　ともかく「嫌なことを一切やらない」**

ことで十分です。

　いちいち考えない。嫌なものは嫌。会社に入ると，なかなかそういうことができません。でも，我慢し続けると人間関係，思考，そして体調とあらゆるところに不調を来します。だから，まずは，嫌なことを単純に排除していきま

10　本書では，各章において，Business Law Journalで私が連載した「エモーショナルコンプライアンスの理論と実践」での内容をレクシスネクシス・ジャパン株式会社のご厚意のもと，一部転載しています。

しょう。ゆっくり落ち着いて，自分が本当に快適なことをやっているのか？それを振り返って考えてみましょう。自分の底にある素直な「感情」に聞いてみましょう。例えば，今の会社の考えが生理的に受けつけない場合は，転職はとても有効な手段です。

　これで，少し楽になったら，次のステージです。「嫌なことを一切やらない」は，一時的な泥沼状況や自分を見失いそうになっている状態を脱するときにはとても良いことですが，さすがに長続きさせるには難があります。なぜなら，いつでも，どこでも，「これだけ」だと単なる動物的な快・不快と異ならないし，単に「ガキのわがまま」にすぎなくなってしまうからです。個人で仕事をする場合はそれもありでしょうが，少なくとも組織のなかで仕事をする場合は限界があります。

　そこで，次に踏むステップとしては，感情的，一時的な快・不快ではなく，前頭前野を使い，論理的思考を伴った複眼的・俯瞰的視点で「不快なことをやらない」ことを考えていく必要があります。

■ 「不快なことをやらない」は単なるわがままとそうでないものがある！

　では，不快という感情をどう複眼的・俯瞰的視点で補っていけばよいでしょうか？

　まず，不快かどうかを「自分だけの視点で考えない」ことが重要です。これをやると，まったくの独りよがりになってしまい，「単なる身勝手な困ったちゃん」となる危険が大いにあります。だから，「不快なことをやらない」第2ステージは，

　「自分だけではなく他者から見て不快なことはやらない」

ということです。他者は，企業や組織に関わるものにとっては「ステークホルダー」と言い換えてもよいでしょう。

　そして，第3ステージは，快・不快を1つの視点で考えずに，むしろ「複眼

的」に考えることも重要です。これを別の言葉にすると，

　単なる「一時的な思いつきや感情」で，「嫌い」「意味ない」「つまらない」「無駄」などとは考えない

ということです。つまり，複眼的・俯瞰的な視点から「不快なことをやらない」状態を作ること，そして，反射的に不快と考えるのではなく，「それなりに多方面からじっくり考えて」不快かどうかを判断するということです。

　このように考えていくと，「不快なことをやらない」とは，

　単に「嫌なことをしない」ということではなく，不快のレベル，中身，質を吟味したうえで，耐えられない不快な行動や状態とそうでないものを取捨選択していくこと

を意味します。

　こうすると，「一見不快なことも，本当に不快なことと，自分が毛嫌いしているだけで，実は視点を変えれば，意外にOKかも……」というふるい分けができるようになり，最後に「本当に不快なこと」だけを排除していくことが可能となっていくのです。

　この「視点を変える」ことは，「考えるコンプライアンスの重要性」および「倫トレ」（倫理トレーニングの略で私が勝手に命名したもの）において極めて重要なので，第12章でじっくりと説明します。ここでは，不快なことを除去していくにあたって，【図表4-2】に示したような視点から考えてみることをお勧めしたいと思います。

【図表4－2】やるべきかやらざるべきかの判断のための視点

- なぜ不快と感じるか？　生理的に（自分の道徳心や価値観に反するから）嫌なのか？　それとも，自分に自信がない，欠点がバレる，弱い所を突かれる（劣等感が浮き彫りになる）から不快なのか？
- やる対象が，自分のゴールやビジョンから考えて意味のあることか？
- 不快と思われることをやることによって，「自分」が得るものと失うもののどちらが大きいか？
- それをやらなければいけないことが朝起きられないほど，または土日に立ち上がれないほど辛いか？
- そこまで辛くなくても，1日が終わって就寝時に，「あー今日もよく頑張った。充実していた！」と満足して眠りにつけるか？　それとも，何かに逃避しないと，やりたくないことをやらされている自分を正当化できないか？
- 転職してもやりたくないことか，環境（上司）が変わればやれることなのか？
- やる・やらないの選択において，言い訳，責任回避をしていないか？
- 自分がやらないことによって他者に迷惑がかかるとき，それをフォローするだけのオプションがあるか？
- やらないことで，責任を取れるか？
- やることで，誰か悲しい思いをさせる人はいないか？
- 最後は直感で判断する！

　これらの視点は，ほんの一例ですが，本当に迷ったときには週末など2，3日かけて，できれば，GoToトラベルが再開したらそれも利用し，どこかに1人で出かけて，本能を大切にしつつ，前頭前野も働かせて，じっくり取捨選択するとよいでしょう。

　そして，最後のステージが「不快なことをしない」を脱して，ハッピーな状況に至ることです。この最後のステップに活躍するものが，まさに「ゴールの存在」でもあるのですが，ここでは，とりあえず，

「ゴールの存在こそが，不快なことを脱するだけでなく，最終的にはハッピーな状況に至る道にたどりつく！」

ということを理解しておいてください。

■エモコンにつなげる！

本当に不快な状況から脱するには，まずは，単なるわがままや自己中心的でも大丈夫。

次に，もう少し広い視点から，「不快なことを極力やらない（やらせない）」こと。そして，そのプロセスのなかで，次第に，ゴールやビジョンから導き出される本当にやりたいこと，自分にとって意味のあること，やりがいにつながることを見つけ，実践していくことにより，快適状態を生み出し，ハッピーな状況を作り出してそれを維持していくこと。このプロセスがおわかりいただけたでしょうか？　この一連のプロセスが，

現状維持から抜け出し創造的エネルギーを働かせること！

となるわけです。

「好きなことに集中」して，「強烈にゴールを設定する」ことが，結局「ハッピーな状況を作り出していく」，この3つは相互に強い関係を持っていることを忘れないでください。

ここまで理解が進んだら，次に，この創造的エネルギーをコンプライアンスの世界に吹き込んでいく考え方やノウハウを見ていくことにしましょう。

第5章

コンプライアンスに創造的エネルギーを吹き込もう！

　創造的エネルギー発揮機能を作動させる3つのスイッチについて述べてきましたが，これらがコンプライアンスにどう結びつき，その成功に大きなインパクトをもたらすか？　についてここから詳しく述べていきたいと思います。

■目指すべき道

　第2章のコラム7で述べたように，企業不祥事の敵は「無知」そして「無関心」「他人事」というマインドであり，このような敵に打ち勝つためには，現状を「何かおかしい」と思える感覚を常に失わないことが大切です。したがって，不正をしないために不快脳が働く環境やマインドを極力取り除いていくことは必要ですが，企業不祥事を最小化するためには，それだけでは実は十分ではありません。

　さらに，この「無知」「無関心」「他人事」という，自らの行動を変えようとしない，または，不正が行われていても「見て見ぬふり」をする，それを正していこうとはせず，今の職場環境に流されていくという「現状維持」を変えることが要求されるのです。つまり，不正をしないためには，「不快脳が働く」というマイナス状態を単に排除するだけではなく，創造的エネルギー発揮機能をフル活用して快適脳が働くというプラス状態を，さらにコンプライアンスにまで広げていくことが必要なのです。

74

　このことは,

「進んでコンプライアンスを達成していくことが好きになる」

ということを意味します。これは【図表5-1】のように説明できるでしょう。

【図表5-1】「進んでコンプライアンスを達成していくことが好きになる」という
　　　　　　快適なマインドをつくる

"不快脳"が働く　　　　　　　　　"快適脳"が働く
マイナス状態　　　　　　　　　　プラス状態

・不正（パワハラ・セクハラ含む）　　・ゴール,ターゲットの設定
・強制　　　　　　　　　　　　　　・好きなこと,楽しいこと,嬉しいこと
・押し付け　　　　　　　　　　　　・やりがいのあること,意味を見出せる
　⋮　　　　　　　　　　　　　　　　　こと,夢中になれること
・つまらない　　　　　　　　　　　　⋮
・必要以上に自由を束縛　　　　　　・人の役に立てる

コンプライアンス　　→　　コンプライアンス

エモーショナルコンプライアンス（エモコン）
単に不快要素を排除するのではなく,そのなかにある「コンプラ
イアンス」を"快適脳"が働く方向に移動させ,エモーションと
合体させる

出典：拙著『エモーショナルコンプライアンスの理論と実践』（Business Law Journal 2017年3月号
　75頁）

■なぜ，コンプライアンスはつまらなくて，むしろ不快なのか？

　ところが，今の多くのコンプライアンスは，やらされ感が強い，不快脳満載のコンプライアンス施策となっており，コンプライアンスは，そのPDCAすべての過程において「つまらなすぎる」といえます。その結果，不快な状態を排除する段階で，

　　コンプライアンスそのものが不快サイドに振り分けられている

のが現実なのです。

■過去志向かつネガティブ志向

　なぜ，そこまでコンプライアンスがつまらないのでしょうか？　その原因は，ずばり，今の多くのコンプライアンスが

　　「過去志向かつネガティブ志向」

だからです。

　例えば，コンプライアンス・マニュアルの内容にしても過去の企業不祥事などを基準に作成したものがほとんどで，いわゆる「べからず集」となっています。法律の世界では，判例（裁判例）という過去の事例が1つの大きな基準になっていることからも，過去のケースを参考にすることは当然といえば当然なのですが，それは，あくまで法律家の世界であって，法律が好きでもない通常の人に，過去を基準にひたすら「べからず集」を作成しても，まったくおもしろくもありません。少なくとも心を打たれる，やる気が出る，襟を正すような代物にはならないのです。第4章の「地図」のエピソードでお話ししたように，臨場感が全く伴わないとも言えるでしょう。

　また，コンプライアンスには，実はインセンティブもありません。法令を遵守したところで，それだけで給料が増えたり，ボーナスが出たり，昇進できたりすることもないわけです。コンプライアンスを実践する行動をしても，その先には心が沸き立つようなことが何もない。モチベーションもゴールもなく，楽しくないことをひたすらやり続けるのは，よほど強い精神力をもつ人でも無理だと思います[1]。

　前述したように，内発的な動機がない状態では，「少し数字をごまかしてでも，業務成績を伸ばすほうがいい」というような方向に，人は流れてしまいがちです。誰かにとがめられないのなら，長期的に得をすることよりは短期的に得すること（数字を誤魔化してでも上げる）をどうしても選びがちになります。その際に，コンプライアンス・マニュアルは，まったく歯止めにはならないのです。コンプライアンス，コンプライアンスといっても，数字を上げなければ生き残れないし，どうせ守ったところで何もご褒美がないのなら，無理やり数字を作ってボーナスをもらったほうがはるかにまし……「みんなやっているし！」ということになってしまうからです。

　法令を守る「先」に何もなければ，私たちは正しいことをやり続けられることはできません。ここに，過去を基礎としたアプローチの根本的な限界があるといってよいでしょう。しかも，「不正をするな！パラダイム」のコンプライアンスは，できて当然（ご褒美はない），その代わりできなければ厳罰を受けるという，厳罰主義，減点主義が多くの場合まかりとおっています。第1章で説明したゼロ・トレランスです。ゼロ・トレランスの世界では，「失敗は許されない」「それでも失敗したら強い厳罰が与えられ，昇進はできなくなるし，給料もボーナスも下がって，左遷されて，最後は解雇され……」とあくまで恐怖でコントロールすることがデフォルトとなっています（恐怖でコントロールされるとどんな不都合が起きるかは，次章でお話しします）。

　このような，「不正をするな！パラダイム」は，あくまで時間軸が過去から今，そして未来に流れていくなかで，

1　ゴール設定がしっかりできていれば，モチベーションすらいらないと言われることもありますが，それができる人はごくわずかです。モチベーションがあったほうが，多くの人には，プラスです。

意図はしていなくても，結果的に現状維持マインドを強める結果

となり，不正はいつまで経っても繰り返し起こる，さらに規制を強めて，それでも不正が減らないという，負のスパイラルが続いてしまうのです。

■もっと「自らの」情動に訴えるものにしよう，そのためには定義を変えてしまおう！

　では，どうしたらよいのでしょうか？　そのヒントが，まさに無意識・マインドであり，創造的エネルギー発揮機能にあります。
　創造的エネルギー発揮機能のなかで，「好き」「ゴール」「ハッピーな状況」がキーだと説明しました。この状況下では，ほとんど多くの場合，

「楽しい」
「夢中になれる」
「それを考えただけでワクワクする」
「勇気が出る（時には考えただけで涙が出る，鳥肌が立つ）」

という，まさに臨場感があるマインドが備わっています。この情動に訴える力こそ大切であり，マインドを変え，行動を変える原動力になるのですから，コンプライアンスも，無味乾燥なつまらないものから，

「楽しい」（コラム15）
「夢中になれる」
「誇らしくてやりがいがある」

ものへと変化させることが不可欠となってくるのです。
　このプラスの情動をコンプライアンスに合体させることが，エモーショナルコンプライアンス（エモコン）にほかなりません。

コラム15 研修に「笑い」は必要？

　私が行う企業研修のなかで，研修後のアンケートにしばしば見られるのが，「笑い[2]のあるコンプラ研修は初めてでした」「いつも緊張して受けていますが，今日はリラックスして楽しめました。初めてです」「考え方がビジネスにも大いに参考になることがありました」という感想です。裏を返せば，今までの研修がいかに「心に残らないか」ということです。

　コンプライアンスに取り組んで，感動し，鳥肌が立つ，勇気が湧くなどということはおよそあり得ないし，おまけに，研修は，さらにつまらない，つまり，コンプライアンスが，あまりに「無味乾燥」なのです。

　心に残らない，臨場感のないコンプライアンスをどれだけやっても，ほとんど効果がないのは，コンプライアンスへの取組みをやっても，やっても不祥事が減らず頭を抱えている担当者であれば，容易に理解できるでしょう。

■コンプライアンスの定義を変えよう＝「やらされ感の強い」コンプライアンスから，「人に役立つ」コンプライアンスへ

　コンプライアンスを無味乾燥なものから，楽しくやりがいのあるものへと進化させる際に，どうしても必要なのが，コンプライアンスの定義を変えることです。

　さすがに，今日，コンプライアンスを法令の遵守などと狭く考える人はいません。もっとそれには広がりがあり，「社会の要請に応えるもの」と幅広く考

2　2017年5月19日付日本経済新聞で「笑い」でがん患者を元気にする実証研究が始まる旨の記事が掲載されていました。この研究は，がんを治癒するために「笑い」という一見関係のない事象を用いるという意味で，不祥事という「がん」を撲滅するために趣味や余暇という（「笑い」に親近感のある）マインドを変える事象を利用するエモコンと類似の発想によるものということができます。

えるのが一般的です。しかし，社会の要請とは，綺麗な言葉であっても，今ひとつ実感が沸かないのではないでしょうか？　しかも，日本のように同調圧力が強く，忖度社会で「社会の要請に応える」という他人目線の定義を使用すると，大方うまくいきません。

　では，どうやって定義を変えるのでしょうか？　それは，社会，第三者の要請や期待という外部（のパワー）で自己を変えるのではなく，

自らのマインドから始まって外の世界に広がっていくイメージ

で，自らの内部のあり方を変えることによって，外部（第三者）に影響を与えることです。

　そもそも，私たちが日々の生活，特に他人との関係において，「嬉しく」「誇らしく」感じるときはどういうときでしょうか？　人それぞれによって価値判断が異なるものの，それは，多くの場合，「人の役に立ったとき」「評価されたとき」「感謝されたとき」です。それは，子どもであろうと，大人であろうと基本的には変わらないはずです。仕事の目的が「お金を儲けることではなく，他人の問題を解決してあげること」[3]であるならば，商品やサービスを提供して「役に立ち」，ありがとうと「感謝」されたとき，すごく良かったよ！　と「評価」されたときほど，嬉しく，また誇らしいものです。そして，このときは，自己肯定感（のちほど説明しますが，エモーショナルコンプライアンス（エモコン）を根づかせるうえで重要な要素）も高まり，「誇り」を保てるだけではなく，「もっともっとやってあげよう」「もっと良い商品をつくろう」という，前向きな気持ちが湧いてくるものです。

　このような状態になると，顧客や相手方に想像力を働かせ，「こんなことをしたらもっと喜ばれるだろう」と考えると同時に，「これはもしかしたら，嫌と感じるかもしれないから避けたほうがよいかもしれない」「安心感を与えるためには，これはやめたほうがよいかもしれない」「これを事前に説明しないと，不信感をもたれるかもしれない」「こんなことをやってあとからバレたら，

3　苫米地英人『数学嫌いの人のためのすべてを可能にする数学脳のつくり方』（ビジネス社，2016年）12頁。

信頼を失うかもしれない」など，法令に規定されているか否かを問わず，「自分自身」で考えながら，やっていいこと，いけないこと，避けるべきこと，やるべきことを取捨選択することが可能となってきます。

　また，詳細な法令を知らなくても「なにかおかしい」「これってまずいかも？」という「アンテナ」が作動し，自分で調べてみるか，そうでなければ，専門部署や外部専門家に確認するなど，ステップやあるべきプロセスを踏んだうえで，関係者（部）と協議相談しながら，最終決断を下すということが「普通」にできるようになってくるのです。しかも，そのステップを踏むことは，やりがいや誇りをもって取り組んでいれば，「めんどくさい」ということはなく，「必要不可欠」なものに自然と思えるものです。例えば，野球やサッカーに夢中で取り組んでいる少年は，ルールブックも，さほど苦もなく覚えていきます。それと基本的には同じです。

　第4章で，ハッピーな状況にあるときは「クリエイティブで画期的な問題解決の道が発見できる」[4]からくりを紹介しましたが，まさに，法令関係において知識が乏しい場合であっても，ハッピーな状況にあれば，多くの場合，事前に問題点に気づき，解決できる道を探そうとする力が自然と生まれるものです。

　もちろん，第12章で述べるように，その過程で生じる「悪魔の囁き」や「誘惑」に打ち勝つ方法も身につける必要はありますが，少なくとも，嫌々，やらされ感満載でコンプライアンスをやっているよりは，正しい結論に至るプロセスを大切にし，正しい結果を導ける確率ははるかに高くなります。

　コンプライアンスを楽しくやりがいあるものにするには，「人に役立つ」という発想からコンプライアンスを捉え直すことが必要なのです。

■未来志向かつポジティブ思考へ

　ここで，いよいよエモーショナルコンプライアンス（エモコン）の登場です。
　エモコンでは，従来の「不正をするな！パラダイム」ではなく，「正しいことをして誇りある行動を取ろうよ！」というアプローチを取っていることは第

4　前掲第4章注7・ショーン・エイカー・64頁。

1章で説明しました。本章の言葉にすれば，「人に役立つ」コンプライアンスです。

そのように，コンプライアンスを進化させるために，ここでは創造的エネルギー発揮機能とつながる2つのポイントを挙げて，さらに詳しく見ていきましょう。

1つ目のポイントは，

「ありたい姿」という未来（ゴール）を時間軸のなかで最優先に設定し，それを達成するために"現在"を創る姿勢

です。いわば，未来から今を創るのです。

ありたい姿は，会社のみならず，自分が何をしたいのかを改めて見つめ直すことで，明確になってきます。

「なぜこの会社で働いているのか？」
「自分は誰のために何をしたいのか，実現したいのか？」
「どんな仕事が『したい』のか，そして仕事をとおして社会にどんな貢献をしたいのか？」

言い換えると，目指すべきゴールをまず設定する作業が最優先となります。もう少しわかりやすくいうと，

「何をしてはいけないか？」ではなく「何をしたいか？」「どうありたいか？」

がキーワードになるということです。

従来型の「不正をするな！」という定義とエモコンにおける「正しいことをしようよ！」の定義の違いを，わかりやすくするために，【図表5－2】にまとめました。時間を横軸に，ポジティブとネガティブの違いを縦軸に設定しています。

マトリクス図のなかで，「不正をするな！パラダイム」という現在のコンプ

【図表5-2】不正をするな！から正しいことをしよう！　への変換

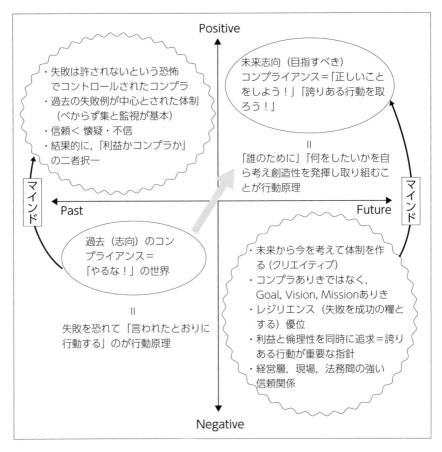

ライアンスは左下のエリアに属します。先ほどの説明でわかったと思いますが，常に過去に標準を合わせ，ネガティブなマインドがこのパラダイムです。

　これに対して，「正しいことをしようよ！パラダイム」のマインドは，マトリクス図内の右上のエリアに属します。あるべき・ありたい姿にしても，ゴールにしても，常に「Future＝未来」があります。正しいことをするためには，まず未来が必要なのです。未来が定まることで進むべき道も明確になります。そうなると，

「その未来に向かって（人や他社に関係なく）これはやろう」
「その未来から考えると，こんなことはやってはいけない！」

と，他人から強制されなくても，自然に自分たちがやるべきことに焦点を当て，ポジティブ思考で行動ができるようになります。

　そうすると，結果的に，細かな法律違反はともかく，大筋として，社会から糾弾されるような大きな不祥事を起こすことがなくなっていくのです。この状況が，エモコンの到達点です。

　エモコンのポイントには，この「未来志向」に加えて「ポジティブ」マインドを入れ込むことがあります。

　そして，ここに，第1章で紹介したレジリエンスが登場します。レジリエンス（コラム16）とは，克服力，自己回復力を指します。次のレジリエンスカーブを見ていただければわかりますが，平常時にある危機が起きると，私たちのパフォーマンスは一時期，一気に低下します（【図表5-3】）。

　しかし，問題は，そこではなく，どこまでも落ち続けていくか，どこかで下限を迎えて，また，元通りに戻っていけるかの際にあります。しかも，なるべく早く，さらに，戻った際には，前よりも良くなっていること。これが，まさに求められているのです。

　「レジリエンス」は，近時はリスクマネジメントの分野でも提唱され始めていますが[5]，コンプライアンスにおいても，極めて重要な視点です。

　そもそも，どれだけコンプライアンスやガバナンス体制を強化しても，不祥事はゼロにはなりません。大切なのは，それをあきらめるのではなく，少しでもゼロに近づけるような日々の研鑽と，それでも不祥事が起きたときには「災い転じて福となす」，そして，組織を一層強いものにしていける力，つまり，不祥事というマイナスを組織や個人の成長という未来へのプラスに変える克服力です。この点をもう少しわかりやすく言えば，自浄能力，すなわち，不祥事が起きた際に，問題点を素早く洗い出し，再発防止にとどまらず，さらに大きな成長を遂げるドライバーにしていくことが企業の持続的な成長には不可欠な

5　例えば，上田和勇『ビジネス・レジリエンス思考法』（同文舘出版，2016年）。

【図表 5 - 3】レジリエンスカーブ

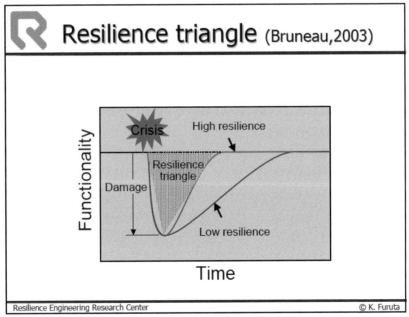

出典：レジリエンス工学特論 E（工学系研究科共通）【講義資料】（古田一雄）
　http://cse. t . u -tokyo.ac.jp/furuta/teaching/resilience/resilience.pdf

のです。
　そして，

　レジリエンスの下限を支えるのがゴールの存在

でもあるのです（第11章も参照）。
　どういうことでしょうか？　例えば，競泳の池江璃花子選手。オリンピック
を目の前に白血病が判明し，オリンピックはおろか，生命までをも絶たれる危
機が訪れました。しかし，彼女は，2020年8月の段階で，50メートルという短
距離ではありますが，594日ぶりに競技会に復帰し，見事5位という成績を収
めました。そして，2021年1月には，なんと日本選手権の参加標準記録を突破

しただけではなく，4月の日本選手権では，4冠を達成し，東京オリンピック代表の内定を勝ち取りました。わずか20歳そこそこでのこの精神力の強靭さには驚嘆するばかりですが，2024年のオリンピックを目指して，壮絶な闘病生活を送りながらもゴールに向かって歩むからこそ，このような偉業が成し遂げられるのであり，この姿こそ，レジリエンスをまさに体現しているといってよいでしょう。

　命に関わるような病気はある日突然襲ってきます。どれだけ節制しても病気になることを完全に防ぐことはできません。企業も同じです。時に大きな不祥事も起き得ます。どれだけやっても，完全に不祥事をなくすことはあり得ません。また，必ず起きます。

　問題は，起きた時に，なるべく初期の段階で，ダメージを極力小さく軽くし，しかも，その取組みによって，逆に企業のイメージを上げ，結果的にもっと良くなっていくことが大切なのです。そのためには，ゴールがないと，どこまでも転落していって，二度と戻れない（倒産），または，戻るまでに時間がかかりすぎて，「持続可能な成長」など夢物語となってしまうのです。

🔍 コラム16　　人の生態系はまさにレジリエンス！

　気功の専門家から聞いた話ですが，アンチエイジングは，ある意味人間の摂理に反するという点があるそうです。

　そもそも私たちは，生まれたての頃は，母親の身体や母乳からもらう免疫力のみで生きている，生物としては極めて「心もとない」状態にあります。しかし，年を重ねるにつれ，さまざまな病気を体験しながら，世の中に存在する病原菌に対する抵抗力（免疫力）を増していくことによって，また，多くの経験を積み，病気に負けない身体を「年を重ねること」（エイジング）によって作り，病気になっても克服できる力を増していくことになります（もちろん，一定年齢を過ぎると克服力は落ちていきますが）。だから，若返れば若返るほど，表面的な美や体力や身体能力等は増すかもしれませんが，いたずらに若返ることを良しとすることは，このような克

服力を忘れたか，または軽視するものでしょう。

　大切なのは，年を取った場合，「病気をしない」若々しい身体（表面）に戻る（劣化を防ぐ）ことではなく，病気に対して「抵抗力」を保ち，「病気をしてもそれを克服していく力」＝レジリエンスをつけることにあるわけです。だからこそ，現在私が特別顧問を勤めている一般社団法人日本ウェルエイジング検定協会は，「アンチ」ではなく「ウェル」エイジングを勧めているのです。

第6章

やってはいけないこと！

■エモーショナルコンプライアンスを実践するにあたってやってはいけないこと

　前章では，コンプライアンスの定義を変える必要性とそのヒントについて述べました。そこで，次は，エモーショナルコンプライアンス（エモコン）を達成するための実践編として，「何をしてはいけないか」，そして，さらに「何をすべきか」について，より具体的に見ていきたいと思います。

①　恐怖で人をコントロールしない

　第1章で述べたように，恐怖（失敗・ミスしたら～というペナルティを課す，例えば，罰金，減給，降格，左遷等）で人をコントロールすることは，法令遵守の実効性確保にあたり，現在では，デフォルトとなっています。就業規則の懲戒処分や人事処遇は言うに及ばず，日頃においても，この「減点主義」が蔓延しているのです。
　しかし，恐怖でコントロールすればするほど，実は不祥事は減りません。むしろ，不祥事を誘発する原因となっているとも言えます。なぜでしょうか？

88

(i)　考える力を弱める＝指示待ち族，言い訳の山が増える

　恐怖でコントロールされると，人はIQが下がると言われています[1]。生命の危機を感じるような場合はともかく，ビジネスの現場でIQが下がるということは，「ものを考えない」「思考停止を招いている」ということに他なりません。その結果，「指示されない限り行動しない」ということが生じやすくなってしまうのです。

　おまけに，失敗すると減点されるので，失敗を容易に認めず，誰かの責任に転嫁するということが多発します。

「私は聞いていません」
「指示を受けておりません」
「それは，私ではなく，●部の担当です」
「上司（部下）に責任があります」

など，言い訳のオンパレード状態が発生します。

　このような結果は，第3章で述べたように，無意識の「現状維持」パワーを考えると，よりわかりやすいでしょう。つまり，恐怖でコントロールされた指示待ち族においては，余計なこと，創造性を働かせると「ろくなことがない」から，

　　だったら今のままが一番

という，まさに「現状維持が快適な状況」になってしまうのです。この状態が，1人ならまだしも，組織全体にまで蔓延してしまうと，「このくらいのことはみんなやっている」という，第3章で述べた「お決まり」のフレーズで，少し考えれば，おかしい，まずいことに気づくはずなのに，誰もそれに口を挟まず，最後には「無関心」状態がデフォルトとなってしまうわけです。

　また，考える力をなくすと，

1　苫米地英人『ため息をやめれば年収1億円への道が開ける』（宝島社，2013年）137頁。

　「言われたことしかしない」という状態はやがて「言われたことは，何も考えずに行う」というパターンを生み出す

のです。これは，「退行」現象に伴い，第3章で説明した「集団の悪」，すなわち，1人ひとりは善人であるのに，組織に入ると善悪の区別がつかなくなって犯罪に染まってしまうという悲劇が生まれてしまうのです。

　考える力が停止する・逓減すると，本来あるべき，多くの視点から多くのステークホルダーのためにさまざまな選択肢のなかで決定を行うという行動をとらず，直感的，反射的に行動を起こしてしまうことも間々起きてしまいます。この典型例がいわゆる倫理の問題を費用の問題にすり替えることです。

　「直感的反応に基づいて意思決定を行うとき，人は自己存続のための本能的欲求を満足させることしか考えない。ほかの人の利益や自分の長期的利益など，それ以外の要素は意識から消える」[2]

と言われており，ハーバード・ビジネススクール教授のマックス・H・ベイザーマンはこの一例として，「『倫理上の意思決定』ではなく，『ビジネス上の意思決定』とみなした」フォード・ピント事件[3]を挙げています。

　ただし，ここで1つ気をつけなければいけないことがあります。恐怖でコントロールしてはいけないということは，「刑罰や懲戒処分も不要」ということではない点です。法治国家である以上，不正や犯罪に対して厳正に処罰することは当然です。問題は，それ「のみ」が不正を抑止したり，人をコントロールするツールになってはいけない，ということです。そもそも，人はコントロールすべきでなく，「「認識し」「寄り添う」」（第7章④）ものであり，また，結果的に処罰されるのはやむをえないとしても，不正を防ぐためではなく，正しいことをするためのツール（その結果，不正も減る）に注力しなければいけないのです。

2　前掲第3章注4・マックス・H・ベイザーマン＝アン・E・テンブランセル・102頁。
3　前掲第3章注4・マックス・H・ベイザーマン＝アン・E・テンブランセル・100頁。

恐怖でコントロールしないということは，人の行動や意思決定を恐怖で支配しないということであることを，誤解のないよう，覚えておいてください。

(ⅱ) 隠蔽に走る

恐怖でコントロールされる状況に至ると，役職員の行動パターンにおいて，現状維持はもちろんですが，それを崩すような失敗が生じた場合，今度は失敗を隠して，無理やり現状維持にもち込もうとする，隠蔽が蔓延ることになります。

当たり前ですが，失敗したら減点されることが明らかなとき，進んで失敗を報告する動機も必要性・合理性も存在しません。あるとしても，せいぜいより大きな減点を防ぐということぐらいですが，そのために，真正直に失敗を「タイムリー」に報告できる人は，巨額罰金の減免制度が機能するような場合を除き，そうそういるものではありません。

したがって，隠蔽は，恐怖でコントロールされた環境では，必然的に起きる（少なくとも起きやすくなる）のです。

(ⅲ) 「動機づけされた見落とし」が起きる

さらに困ったことに，現状維持がデフォルトになると，不祥事や，そこまでいかなくても，前段階の「何かおかしい」という状態に無関心となるばかりか，気づいても見ぬふりをして，「これくらいなら大丈夫」と自分や組織の人々に言い聞かせることによって，あえて問題点を見ないようにする「動機づけされた見落とし」という第3章で述べた状態が生じます。

(ⅳ) 正しいことをするインセンティブが湧かないので悪魔の囁きに脆い

恐怖でコントロールすることは，要するに減点主義であることから，コンプライアンスの現場にこれを当てはめると，「できて当然」ということになります。

一方で，こよなく愛することをやり続ける場合でない限り，ある行為を継続的に行うためにはインセンティブが必要です。ところが，「できて当然」だと，コンプライアンスにどれだけ時間とエネルギーを注いでも，それだけでは「評価されない」「給料やボーナスが増えるわけでもない」「昇進するわけでもない」……と，何も得るものがないということになってしまいます。コンプライアンスに魅力を感じないという人の多くが，「どこまでやっても（得るものが

ないから）手応えがない」「達成感がつかみづらい」と感想を述べますが，まさに，金銭面だけではなく，精神面においても「やりがいがない」のです。

　こうなると，「やったって，やらなくたって同じ。だったら，バレないでうまくやるのが一番」という発想に容易に堕ちてしまうのが世の常，人の常であり，忍び寄る悪魔の囁きに容易に負けてしまいやすくなるのです。

　したがって，恐怖でコントロールすることは百害あって一利なしと言っても過言ではありません。現実的には組織の運営上，懲戒処分は必要ですが，恐怖でコントロールすることをデフォルトとするか，例外的な行動とするかで，組織のあり方は大きく異なってくるのです。

②　法令遵守を「目標」にしない

　次に，恐怖でコントロールしないことと等しく重要なのが，法令遵守を「目標」にしないということです。なぜ，法令遵守を目標にしてはいけないのでしょうか？

(i)　盲点が増える

　そもそも好きでもない，やらされ感の強い法令遵守を目標にすると，ただでさえ，「うっとうしい」「面倒」と（仮に声に出さなくても，また意識していなくても）無意識で感じている現状において，ネガティブな気持ちにダメ押しすることになります。その結果，子どもが嫌なことを強制されて，「ハイハイ」と言って結局やらないように，法令遵守も結局は無関心，他人事のまま無視するか，そうでなくても極度に優先順位を下げてしまうことになるのです。

　第3章で述べたように，私たちの脳は基本的に快適なことしかしないのであれば，現状では，法令遵守を目標にすればするほど，「不快脳」が働きます。そのようななかで，嫌な対象，つまり法令遵守を強制されると，今度は嫌々それだけにロックオンされ，「だったら，言われたことさえやればよいでしょ」と紋切り型の行動を促し，本当に大切な，顧客とのコミュニケーション，サービスの質という側面がロックオフされ，「規則ですから」と一点張りの対応になってしまうのです。

　要するに，大切なことが見えなくなり（盲点となり），それを遠ざけ，やるべき法令遵守もしかたがなく適当に取り組むことになり，結果的にはそれをも

遵守できないという,「何もできない」状態を生み出すことになりかねません。

　次章「やったほうがよいこと」で述べますが,

法令遵守は必要だが,それは「目標」ではなく,あくまで「結果」にすぎないこと

が重要です。つまり,ゴールという未来から作った今の体制を能動的に回すことによって,結果的に法令は守られているにすぎない状況を作ることが必要で,かつ,それで十分なのです。もちろん,法令のなかでも業法と呼ばれる業者として守るべき手続的なものには非常に詳細なものがあるのが通常であり,これらは,単に未来から今を作っただけで遵守できるものではありません。したがって,細心の注意と遵守すべき体制の整備は不可欠です。ただ,詳細な業法に違反したからといって世の中を騒がす「とんでもない」不祥事になることは,ゼロとは言いませんが稀なことが多いです。

　(ⅱ)　やるな,やるなと言うほどやってしまう＝心理的リアクタンス

　法令は基本的に「～してはいけない」という命令規範です。しかし,「あれもするな,これもするな」と言われ続けるとどうなるでしょうか？　答えは,

「かえってやりたくなる」

です。これは,心理的リアクタンスといって,人は一定以上にあることを強制されると,行動の自由が必要以上に制約されて,反発を感じるということが実証されています[4]。

　研修でよく出す例として,鶴の恩返しがあります。「決して見ないでください」と繰り返し言われると,つい覗いてしまうのと同じ心理と言えばわかりやすいでしょう。

　また,「～をするな！」と言われても,それを破れば売上が上がる,ノルマを達成できる等,何らかのメリットがある限り,そのメリットの享受を潔よし

4　前掲第3章注4・マックス・H・ベイザーマン＝アン・E・テンブランセル・164頁で「自由を脅かされていると感じた時,それに抵抗しようとする人間の習性」と定義されています。

としないという，よほど強い別のインセンティブがない限り，行動を自制でき
るほど私たちは強くない点もあります。

　要するに，ただ「やるな！」と命令するだけでは，効き目は薄いのです。

（ⅲ）　脳は「否定形」をうまく処理できない

　さらに問題なのは，「〜をするな」という否定形は，脳，特に右脳でうまく
処理できないということです[5]。例えば，「青い象を思い浮かべてはいけない」
と言われると，まずは打ち消す「青い象」を思い浮かべた後で否定することが
必要となりますが，否定する部分は強く，あるいは正しく残らない（処理され
ない）ため，結局は青い象だけが脳に残り，それをぐるぐる思い出す結果に
なってしまうという，いわゆる「青い象」現象が起きてしまうのです。

　その観点からいくと，コンプライアンス研修で「不祥事事例」を取り上げ，
再発防止に努めるというやり方は，「不祥事」という「青い象」だけを結果的
に植えつけることになりかねず，よほど工夫をしないと，かえって逆効果にな
るおそれがあります。すなわち，単に不祥事の手口をみんなと共有または再確
認しているだけということになりかねないのです。このような事象を避けるた
めの研修方法については，別途章を改めて詳しく説明します。

③　完璧を目指さない

　第2章で「中庸な正しさ」が大切なことについて述べましたが，ここでさら
にその意味について深掘りしてみましょう。

　そもそも，日本人の気質がまじめであることは，何らかのデータで示す必要
もないほど，一般論として肯定できることですが，この「まじめさ」が，実は
実効性あるコンプライアンスの「仇」になっていることが少なくありません。
なぜなら，ギリギリと正しさを追求しすぎたり，正しいことばかりやろうとし
たりすると，単に窮屈というだけではなく，むしろ，時々少し「悪いことを
やってしまいがち」になるからです。これをスタンフォード大学教授のケ
リー・マクゴニガル氏は，

5　トルステン・ハーフェナー＝ミヒャエル・シュピッツバート『青い象のことだけは考えないで！』
　（サンマーク出版，2013年）（Kindle版）。

「モラルライセンス」[6]

また，ハーバード・ビジネススクール教授のマックス・H・ベイザーマン，アン・E・テンブランセル氏は

「善行の『免罪符効果』」[7]

と述べています。要するに，「まじめなことをすると，少し羽目を外したくなる」，「常に道徳的，まじめと思っている人ほど陰でその真逆な行為をしかねない」ということです（コラム17）。

　コンプライアンスを浸透させていく人として，完璧が好きな，単に「融通のきかない」あるいは「くそまじめ」な社員は，実は「ふさわしくない」ことをよく理解しておく必要があります。

 コラム17　　精神が張りつめていては試合にも勝てない！

　そもそもスポーツや武道の本格的な経験者であればよくわかると思いますが，緊張状態にある限り，本来のパフォーマンスは発揮できません。「緊張をコントロール」する（リラックスではない），または「静中の動」という，脳と筋肉の使い方を学ばないと，「勝てない」のです[8]。

　今のコンプライアンスをゴルフにたとえれば，毎回，毎回ホールインワンか，アルバトロスやイーグルを「強制的」に狙わされ続けているようなものです。

　また，電池でたとえれば，最新のリチウムイオンバッテリー等一部の電池を除き，常に充電を繰り返して100％充電を保とうとすると，かえって

6　ケリー・マクゴニガル『スタンフォードの心理学講義　人生がうまくいくシンプルなルール』（日経BP社，2016年）295頁。

7　前掲第3章注4・マックス・H・ベイザーマン＝アン・E・テンブランセル・165頁。

8　林成之『＜勝負脳＞の鍛え方』（講談社，2006年）106頁。

性能が悪くなるのと似ているとも言えるでしょう。

　正しいことを結果的にやり続けるには，私たち自身も「放電」がどうしても必要なのです。

④　ビジネスとコンプライアンスを分断してはいけない

　コンプライアンスが浸透しない原因の1つとして，単につまらない，やらされ感の強いものというだけではなく，実際のビジネスの流れに沿ったなかでのコンプライアンス教育が行われていない，また，その必要性が強調されていないことも挙げることができます。

　ビジネスはビジネス，コンプライアンスはコンプライアンスと両者が分断されているため，ビジネスの第一線で活躍したことがない者がコンプライアンスを担当しているのも極めて問題です[9]。逆にビジネス側が好きでもないコンプライアンスをすべてに優先することも問題なのです。

　ジェット機でエンジンがいくら優れていてもGPSが機能しなければ，目的地には安全かつ最速に到着することはできません。逆も然りで，GPSがどんなに最新鋭でも，エンジンが「ショボイ」のであれば，同じなのです。

　したがって，ビジネスでも営業（エンジン）とコンプライアンス（ビジネスを支えるGPS）の両者が揃って初めて正しい道に進めるのであって，常に「両者」を「同時に」尊重することが必要です。

　さすがに今日の企業社会において，ビジネスのためなら少しくらいの違法行為は問わないという会社は，ブラック企業を除けば存在しません。しかし，「コンプライアンスがすべてに優先する」として，コンプライアンスに，あたかもビジネスより重きを置く，少なくとも標語や目標にコンプライアンス偏重を掲げる企業が，特に不祥事を犯した直後の会社には少なくありませんが，これは，実はよくないのです。

　あくまで，ビジネスもコンプライアンスも，言葉を変えれば，**利益も倫理も同時に深く追求する姿勢**をどんな時ももつことが必要です（コラム18）。

9　その意味で，金融機関は，金融庁の要請もあり，ビジネスとコンプライアンス担当者のローテーションが近頃浸透していますが，これは他の業界も参考にすべきでしょう。

🔍 コラム18　「3つのディフェンスライン」は当たり前

　その意味では，内部統制において，「3つのディフェンスライン」として，現場（営業），コンプライアンス部，内部監査を挙げ，第1線または，第1.5線でのコンプライアンスを重視する考え（多くの内部統制の基本となっている）は，至極全うなことであるといえるでしょう。

　ただし，のちほど「3軸」の解説箇所（第9章）で説明しますが，この考え方だけだと，落とし穴があり，それゆえに現実にはなかなか機能しないのです。

第7章

やったほうがよいこと！

　第6章では，エモーショナルコンプライアンス（エモコン）の実践にあたっ
てやってはいけないことについて述べました。本章では逆に，エモコンの実践
にあたって「やったほうがよいこと」について，8つの視点から詳しく述べて
いきます。

① 「現状」を知り，自分（自社）を「客観視」できるようにする

　まずは，

　「本来の自分のライフスタイルに合った働き方は何か」
　「自分の日常生活のなかでどの部分（報酬，やりがい，プライベート，地域
との関わり，家庭，親子関係など）が欠けているか」

を知ることです。つまり，自らのハッピー度をチェックすると言い換えてもよ
いでしょう。
　また，後に倫理トレーニングの解説箇所（第12章）で詳しく説明しますが，

　「どの悪魔の囁きに弱いか？」を知ること

も欠かせません。第1章でも述べたように，日々訪れる〝悪魔の囁き〟（金，

権力，地位，名誉，異性等の魅惑の材料）をまったく排除することなく（そもそも無理），いかにコントロールするかが大切であり，そのためには，どこを突かれるとそれらの「過剰摂取」に至り，「（よくないことは）わかっちゃいるけど，まあいいか……」となって結果的に不祥事にはまりやすいか，その自らの傾向を知ることはとても重要なのです。

　対人関係において，嫌いな人は実は自分のもっている欠点を体現しているから，と言われることが少なくありません。しかし，そのことを実感することができる人は，おそらく少数でしょう。なぜなら，自分のことを客観的に分析することはとても難しいからです（自分に対しては，あらゆる言い訳がききやすい）。

　特に，「正常性バイアス」がかかると，

　自分だけは違う
　自分は大丈夫

と勝手な思い込みが増えて，盲点がどんどんと膨らんでいきます。

　だから，今見つめている視点（日常に流され，そもそも見つめていない可能性もある）とはもう一段別の視点で自分を見つめ直し，弱点を知ること。そうすると，当然ですが，自分にふさわしい対処方法も見えてきます。

　アインシュタインは，

　「問題は，それが起こった時と同じ意識レベルでは解けない」

と喝破しましたが，これは，私たちのあり方にも強く当てはまることだと思います。

②　プロセスを大切にする

（i）　プロセスに重きを置くことで創造性，やりがいが生まれる

　エモコンでは，コンプライアンスを「やらされ感」の強いものから「人の役に立ち」より良い製品やサービスを提供して正しく利益を出すために必要なガ

イドへとマインド転換することが肝であり，直面する課題や問題に取り組む上
での思考方法，そして，それを導くための創造的エネルギーを発揮するための
マインドの使い方，さらに，解決に至るまでのプロセスが大切であると第2章
で説明しました。

　ちなみに，英語では，卒業式は，学びの終わり（結果），つまり卒業ではな
く，これから始まる新たな人生の出発であるがゆえの「Commencement」（始
まり）です。また，旅は，目的地に着くことがゴールではなく，何かをつかん
でこれからの日常や人生に新たな気づきやエネルギーを与えてくれるからこそ，
「真の旅人は出発するために旅に出る」と言われるのです。

　いずれも結果が大切ではなく，それらは，あくまで通過点にすぎず，大切な
のは，その先へと続くプロセス思考です。

　この点，コンプライアンスは，実は相当程度似ているところがあります。企
業価値を増大させながら，企業のゴール達成に向かって利益と倫理を同時に追
求していく**「プロセス」こそが何よりも大切**であって，その「結果」が（狭義
の）法令遵守にすぎないのです。

　このように，結果もさることながら，そこに至るまでの，マインドの使い方
や思考方法，そしてプロセスに本質があると考えると何が起きるのでしょう
か？

　監督官庁や社長，コンプライアンス担当部門がどのように言うか，何を要求
しているかではなく，自分が企業や自らのために「どうしたいのか」「どうあ
るべきか」という「新たな価値を生み出す」ことには正解がありません。だか
らこそ，そこに到達するためには，既存のレールではなく，新たにそのゴール
を達成するためのレールをも自ら創造していかなければならなくなるのです。
だから，必然的に，ゴールを達成するアプローチ，ルールを創造していくプロ
セスが何よりも重要となってきます。

　このようにプロセスを大切にすると，組織や企業で働く個々人も，現状維持，
常にリスクアバース（リスク回避），言われたことだけこなす指示待ち，そし
て何かあれば，減点とそれを回避するための言い訳，隠蔽と責任回避……がデ
フォルトにはならず，

100

> 内発的動機に基づいて自ら考え生み出していく創造性，
> チャレンジ，
> プラスの評価，
> 開示，
> 責任，
> レジリエンスにふさわしい改善策，つまり自浄作用等

が自然とデフォルトになっていくのです。

　その結果，自らが積極的に，長期のゴール達成や短中期の問題解決のために試行錯誤を繰り返しながらも，また，いろいろな壁（現状維持派，セクショナリズム[1]，何でも反対派，予算，世間からの誤解，時には妬み・ひがみ）を乗り越えて，創造性を発揮し，結果的に法令を遵守しながら，利益も確保していくという，容易ではないが，だからこそ，やりがいのあるものへとコンプライアンスは自然に変化していくわけです。だから，コンプライアンスはつまらない，やりがいもないものではなく，取り組むだけの価値がある，極めて前向きな，企業価値を愚直だけど確実に向上させるための，ビジネスと切っても切れない不即不離の黄金のツールとなっていくのです。

　このような状況に至ったとき，エモコンは，法令遵守の枠を超えて，もっと広がりをもった概念となっていくでしょう。これは，最終的に第1章でも簡単に触れた「コンダクト」（＝野村證券の研修の中でヒントを得て「誇りある行動」と私は命名しています）という概念にもつながっていきます。

(ⅱ) 次につなげる自己回復力・修復力（レジリエンス）にアソビも加える

　もちろん，そのプロセスで経験のなさ，知識不足，判断ミスによって失敗が生じることは間々あります。でも，大切なことは，それが「次」につながることです。

　そもそも目的が利益のみの追求ではなく，いろいろなステークホルダーの最適値を目指していたなかでのミスであれば，多くの場合，適切に開示して，謝

1　私もメリルリンチの法務部長（個人顧客部門）の時，ある重大問題に対して積極的に取り組んだ結果「増田はうるさい，黙らせろ」と（今はなき）米国本社から言われたことがあります。もちろん理解者も大勢いました。

るべきことは謝り，同じ失敗をしないための実効性のある改善策を示すことによって，致命傷になることなく，むしろ，次へ，次へとつながっていきます。これがまさに「レジリエンス」です。

そして，このレジリエンスには，「アソビ」を付加するとさらに効果的です。「アソビ」とは，自動車のハンドルやブレーキを思い出していただければわかりやすいと思いますが，もともとは工学の概念で，「安全装置の一種で，操作できる範囲のうち，装置の動作に反映されない範囲」のことを指します。エモコンを達成していくためにも，この要素はまさに重要です。

杓子定規の法令解釈が個人情報保護法の制定後いろいろなところで大きな問題を生じさせたこともいまだ記憶に残っていると思いますが（緊急時でも個人情報だからといって，被害者の名前を教えず，救急現場で多くの混乱を招いた），多くの人がコンプライアンス（および担当部署）を好きになれないのも，融通のなさや頑固さ等の非柔軟性に起因する場合が少なくありません。もちろん，だからといって，何でもかんでも例外やルール無視を認めていては，これまた組織は成り立たないでしょう。そこで，いかにルールを守りながら，一定のアソビをもたせつつ物事に対処していくかが，極めて重要なテーマになってくるのです。

このアソビには，（小さな）失敗力，多角的にものを見ることができる視野の広さ，経験の広さも大きく影響するといえるでしょう。

ただし，ここでいうアソビとは，

「正しいことをやり続けると無理があるので，少し悪いことをしよう，あるいはしても見逃しましょう」

ということを推奨しているわけではありません。そうではなく，「正しいこと」と，それをひたすらやり続けるという緊張状態は長くは続かないので，職場でも職場外でも，

「肩に力を入れ続けない」
「力まない」

「安らげる」

「中庸を大切にする」

　といったリラックスできる何かを設けることが必須だということです。まさに，「アソビ」は「モラルライセンス」の処方箋ともなるのです。

　そもそも，常に緊張しているということは，裏を返せば，「余裕がない」ということでもあります。コンプラ，コンプラと叫んでいる人は，実は誰よりもコンプラが一番嫌いである可能性すらあります。そういう人は，鎧で覆っていないと，今の自分の立ち位置を自己確認できないから，必要以上に自己の存在感やタスクを他人に強いることになりかねないのです。ときには，無駄と思われることや役に立たなさそうな趣味が，実は人生を豊かにし，また，役に立つように（コラム19参照），ガチガチではない「アソビ」を残した行動も大切にされると良いと思います。

③　オーナーシップを大切にする

　プロセスに自分が積極的に関わるということは，「オーナーシップをもつ」ということでもあります。それは，自ら関与することに人はコミットしやすいからです。やらされ感の強いものからやりがいのあるものへの転換ということは，別の言い方をすれば，

エモコンはオーナーシップを大切にしたコンプライアンス態勢

ということができるでしょう。

　オーナーシップを大切にすると，自律的な態勢が生じやすく，臨機応変に対応していくことも可能です。例えば，レンタカーは改造すると怒られますが，自分が所有する車なら，チューンナップも改造も柔軟に行えるのと同様です。オーナーシップについては第11章も参照してください。

④　セルフエスティーム（自己肯定力）を上げる＝誇りを築く

　これまで私は事あるごとに，エモコンにおける「セルフエスティーム（自己

肯定力)」の重要性について述べてきました[2]。

　刑法犯において多くの犯罪者にこのセルフエスティームが極端に低いことが犯罪心理学上も明らかになっていますが，それは企業犯罪に関与する人々においてもよく見られる傾向です。特に，ビジネスパーソンと言われるなかでも出世コースを歩んでいる一群よりは，入社間もない新入社員や中堅社員，また，正社員とは異なる体系で働く契約社員，派遣社員等が不祥事に関与する場合，かなりの確率でセルフエスティームが低いケースが多いと思われます。

　セルフエスティームがないがしろになっている典型は，ブラック企業でしょう。ブラック企業では，仕事に対するやりがいや誇りはどうでもよく，従業員らはあくまで「駒」にすぎないという扱いで，セルフエスティームが極端に低い（むしろそれでよい）ことが前提となっているのです。

　「倫理観をもて」とよく言われます。しかし，言うはやすし，で，それを持続させるには，それを可能とするだけの何かが必要なのです。それが，「自分がこの組織で必要とされている」という感覚です。「自分が役立っている」「人のためになっている」「意味のある仕事をしている」と思えるとき，もちろん人はやりがいを感じるし，誰かが見ている，見ていないにかかわらず，「ちゃんとしよう」という気持ちが働き続けるものです。

　そういう意味では，組織のなかで「孤立した」人を作らないように努めることが重要です。「君が必要だ」「君ならできる」と積極的にポジティブな言葉をかけてあげることももちろん重要ですが，「君のことを気にかけているよ」「何かに困っているように見えるけれど，大丈夫か？」と

「存在を認識してあげる」，そして「寄り添う」

ことが大切なのです[3]。

　エクゼクティブや部長まではいかないレベルの社員が企業で不祥事を起こす場合，その人が組織（上司，部下，同僚）から無視され，存在感が消されてい

2　例えば，拙著『もうやめよう！その法令遵守』（フォレスト出版，2012年）46頁。
3　「人は意思決定の権限を持つと，他者への共感を感じにくくなる傾向がある」ことについて，前掲第6章注6・ケリー・マクゴニガル・299頁参照。

るというケースが少なくありません。そうすると，鬱病に罹患するなどして，自暴自棄になったり，最終的に復讐の牙が組織に向かい，横領，情報の持ち出し，いじめ，セクハラ，パワハラなど他者への執拗な攻撃に至ったり，社外での不正行為に及んだりするなどの結果を招来することが少なくないのです。

　常に仕事に誇りをもつことができ，上司は「存在」を認識してあげること，これが組織全体で行われるようになれば，以下の項目で述べる組織でのラポールも強く働き，「正しいことをすることが快適」な風土が生まれていくのです。

⑤　未来から今を見せる

　この重要性は，第5章で述べました。リーダーは不正をするな！　と言い回るのではなく，言語，非言語のコミュニケーション手段を用いて未来を見せることこそ，やるべき仕事なのです。

⑥　コミュニケーションを変える＝非言語の働きかけでラポール[4]を築き，イメージの共有を図る

　ラポールという概念が，エモコンにおいては，極めて重要です。ラポールとは，リーダーと部下との関係でいえば「信頼のおけるリーダーに対して，組織の構成員が寄せる信頼感・親近感」のことをいいます。また，ラポールを築くにあたって，実際に言語で行える範囲は限られていると言われています。では，表層的な関係を超えた信頼関係とは，どのように築かれるのでしょうか？

　「ピグマリオン効果」でもよく紹介されるように，人は，ある時他者に何かを伝えようとしても，言葉ではなんと7％しか伝わらないと言われています。後の93％は非言語のコミュニケーション手段で伝わるのです[5]。例えば，ボディーランゲージの典型であるジェスチャーから始まって，声のトーン，相手との呼吸，バイオリズムの調子，ミラーリング等々，さまざまな非言語が，より強い相手との一体感，安心感を生み出すことは，多くの皆さんがご存じで

4　苫米地英人『コーポレートコーチング（下）』（開拓社，2016年）21頁，前掲第6章注5・トルステン・ハーフェナー＝ミヒャエル・シュピッツバート・35頁以下，前掲第7章注2・拙著・219頁。
5　イメージトレーニングを実施する時間がない場合，私は，犬や猫を飼っている人に「どうして言葉が通じない動物たちと意思疎通ができ，強い信頼関係が生まれるか？」を想像してもらうことにしています。このように，身近な例で臨場感を感じてもらう訓練は，とても有効です。

しょう。

　そのなかでも，特に重要かつ効果的なのが「イメージの共有」です。組織や部がどこへ何を目的に向かおうとしているのか，それを達成したらどういう世界が待っているのかが具体的にイメージできていれば，「あれをやれ」「これはやるな」「予算に届いていない」と口うるさく命令したり，急かしたりしなくても，自ずとその方向へ向かっていくのです。

　イメージトレーニングの章（第10章）で詳しく述べますが，まさに，「イメージなくしてマネージなし」であり，「イメージの限界が行動の限界」なのです。

　イメージの共有ができている組織では，代わりに「あれをやろう」「これもやろう」「自分なら足りない分をこうやってカバーする」と，まさに，自発的に目の前の目標やその先のゴールに向かって，プラスのスパイラルが動いていきます。その過程は，多少肉体的に辛いことがあっても「楽しい」「やりがいのある」もので，まさに「快適脳が働く」世界ですから，不祥事は自然と「不快なもの」となり，犯さないような自動ブレーキ，自己抑制が自然ときいてくるのです。

　コミュニケーションで重要なのは，「何を伝えるか」ではなく，「相手がどう理解するか」です。その意味で，相手の理解が浸透しやすいのが，まさにこのイメージの共有であることを理解すれば，非言語のイメージの共有に重きをおくことは，まさに言語中心のコミュニケーションを変えるということを意味するものにほかならないのです。

　私が担当するエモコンの研修での事前アンケートでは，職場環境や社内でのコミュニケーションの悩みについても項目を設けています。多くの参加者は，当初「これがコンプライアンスとどう関係あるのか」と不思議に感じるようです。しかし，ハッピーな組織作りの重要性，快適脳が働く環境，不正を続けることが不快でなくなる環境の怖さをマインドの観点から説明すると，ほとんどの参加者は，職場環境こそが不祥事対策の重要な肝であることに気づくのです。

⑦　理論を意識しながら身体を使う

　第1章でも少し述べました。また，イメージトレーニングの章（第10章）で

も詳細をお話ししますが，実は，身体動作が伴う理論の構築を行うと，定着度が著しく上がります。

⑧　プライベート（趣味，余暇の時間）を大切にする

　最後に，他のコンプライアンスの施策とエモコンの最も違う「やったほうがよい」ことについて述べます。

　それは，

　趣味（コラム19）や余暇の時間を大切にする，つまり，メインの仕事以外の何か「限りなく本業と関係ないこと」に没頭し，時間を割く

ことです（もちろん，近頃流行りの「副業をもつ」ことでもこの効果はあります）。それはなぜでしょうか？

　1つには時間の使い方（時間断捨離）が確実にうまくなります。趣味にのめり込むには，当然時間が必要です。いかに両者をうまくこなすかを考え実践することは，効率性を高めることにもつながります。必要以上に長い会議，役に立たない人との会食，接待，テレビ視聴などを省いていくことが不可欠で，これは「時間断捨離」と言ってもよいでしょう。

　また，自らを見失わないで済むという点も，特筆すべきメリットです。本業に常に忙殺されていると，自分が何をしたくて，何をしたくないのか，何のために働いているのか，誰のためにやっているのかが，さっぱりわからなくなることがあります。忙殺されている時間が長ければ長いほど，そのような事態に陥る可能性が高いのです。

　さらに，仕事に忙殺され余裕のない世界にずっといると，おかしいことにおかしいと気づく感覚が薄れていくこともよくあります。習慣のおそろしさ，「集団の悪」や「動機づけられた見落とし」の怖さについては，第3章で述べましたが，要するに，1つの組織・価値観・働き方のもとで長い間過ごしていると，退行現象，ときには組織での洗脳も相まって，自己判断能力が著しく低下し，本来の自分がなくなってしまう（悪い言葉にすれば「社畜になる」）危険が高いのです。つまり，自分を見失うのです。

その防止策の1つが，

常に違った価値観に触れる機会をもち続ける

ということです。しかもその価値観は，本職と関係が遠ければ遠いほどよいで
しょう。その意味で，趣味はとても重要な武器となります。

　例えば，ワインに精通したり，ゴルフがうまかったりするエリートビジネス
パーソンは少なくありませんが，これらは仕事との関連が強いこともあって
（接待に利用可能であるなどが典型），ややもすると，本業のステップアップ，
または本業における自己のポジションの上昇や権威づけにつながりやすいとい
う側面があります。

　しかし，例えば私が取り組んでいるスポーツ写真や水中写真の世界は，およ
そ本業とはほど遠いものです。この世界でどれだけ知識を重ねてもコーポレー
ト・ガバナンスや国際訴訟にはほとんど役立たないうえに，現在の私が写真で
稼ぐことができても，本業と比べると額もまったく心許ないどころか，出費が
重なるばかりです。さらに人脈もビジネスとはまったく異なる世界ですから，
やはり本業にはほとんど役立ちません。

　しかし，この本業への関連性の低さ，または「役立たなさ」が，実は「大
切」なのです。

　私の写真撮影はオリンパスからプロサポートを受けるなど趣味を超えてし
まっていますが，それを例に取ると（コラム19），(i)冷静な判断や自己分析能
力が鍛えられる，(ii)必然的に謙虚にならざるをえない，(iii)ストレス発散につな
がる，(iv)感受性や共感力が高まるなどのメリットが実際に感じられます。

　一見すると，この突拍子もない考えが，実はかなり普遍的になりつつあるこ
とが，近頃の「アートシンキング」ブームでも裏づけられつつあります。代表
的には，山口周『世界のエリートはなぜ「美意識」を鍛えるのか？』（光文社，
2017年）という本が火付け役ですが，アートシンキングの基本は「主観的・内
発的動機を重視して，まだ世の中にない価値を生み出すこと」（日本経済新聞
2020年9月21日付重岡晋「私見卓見」）であり，まさにエモコンが重視する無
意識の創造的エネルギー発揮機能と深く関係しているのです。ちなみに，キャ

リアと無関係なことに挑戦することは，大きな成功と相関関係があることも知られています（前掲第2章コラム3・エリックバーカー・154頁）。

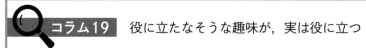 **コラム19**　役に立たなそうな趣味が，実は役に立つ

　写真家としての私の専門分野であるスポーツ写真でも水中写真でも，当然その道のプロ中のプロがいて，また周りにも相当レベルの高い愛好家がたくさんいることから，そのなかで実績を残すには，単に「写真がうまいこと」以外にはなく，私の本業での立場や実績，肩書きはまったくといってよいほど関係がありません。

　つまり，世界が違う以上，別の視点，思考，トレーニング，経験，実績を積まないと，およそ評価されないのです。しかしそれは，今の自分を客観視することに大いにつながります。

　また，水中写真のダイビングや，スポーツ写真では，撮影場所の天候や海の状態という自然現象，選手の状態，撮影ポジション等偶然に左右されることがとても多いため，ビジネスのセオリーはほとんど役立たないし，驕っていたり，嘗めていたりするとまずロクなことがありません（死に至る危険が高い）。当たり前ですが，自然は，コントロールできないからです。

　だから，必然的に謙虚にならざるをえません。そしてそれが身についてくると，結果的に，日常においても，よく言えば謙虚，または諦めがほどよく身についてくるのです。

　わかりやすい例で言うと，ストレスの解放がより果たしやすくなります。いわばエネルギーの発散と充電です。そして，そのようなリラックスできる状況は，実は創造性を発揮するにはとてもふさわしい環境でもあります。現に私は，エモコンを含む弁護士業におけるさまざまなアイデアが，撮影中，あるいはその前後の旅行中で湧くことがとても多いのです（ネットフリックスの創業者も同じことを言っています。コラム28参照）。

　さらに，お金に換算できなくてもよい，「誰の役にも立たないにもかか

わらず，嬉しくて，楽しくて，やめられないこと」であり，プライスレスなことに没頭できることが趣味[6]であるということは，それだけ感受性，共感力を高めることをも意味します。お金にならなくても，楽しければよい，その感覚は，単に価値観の多様化につながるばかりか，エモコンで大切な「他人にアプローチする，あるいは他人を巻き込む視点を変える」にあたってとても役立つのです。

　例えば，写真愛好家は，カメラのことだけで，ずっと楽しく会話を続けることができますが，それはすべての趣味に共通することでしょう。カメラという物理的存在はもちろん，それを取り巻く（購入）動機，デザインや性能に感嘆する純粋なマインド，撮影旅行への想像やその後の思い出等々それらすべてに共感を覚え，引き込まれるということは，目に見える物理的存在のみならず，目に見えない情報空間をも感受するアンテナがとても敏感になるということなのです。

　これはビジネスの世界においても，部下，上司から始まって，消費者，顧客，株主，債権者等，その時々のステークホルダーや関係者とのコミュニケーション能力，特に潜在的期待に応えるという企業倫理の要の力を醸成するにあたり，極めてプラスの効果を及ぼすことができるのです。

　プライベートを大切にして，異なった価値観に触れる機会が増えれば増えるほど，バランス感覚も養えるようになり，不祥事に関わることが不快かつ無意味で，人生においてどれだけ無駄なことかが「頭」だけではなく「身体」でわかってきます。

すべては身体で感じること

が必要なのです。

　自分を客観視でき，置かれた状況を多角的視野から分析でき，さまざまなオ

6　前掲第7章注4・苫米地英人・126頁。

プションや知恵を使える創造性と実行力が増えれば，積極的には言わずもがな，消極的であれ不祥事に関与してしまうことは激減するはずです。少なくとも，不祥事に関わる動機は減るし，オプションが増えるということは，仮に機会があっても不祥事を選択しない道を増やせるのです。

　犬・猫のようなコンパニオンアニマル，釣り，バンド，ギター・ピアノ等の楽器，また，登山，土いじり（畑仕事），プラモデル作りでも何でもよいと思います。しかしなるべくなら，自分の本業のヒエラルキーや価値観とは関係ない，しかも自分ではコントロールしづらいものが対象となる世界で，自分の本業以外の時間をたくさん費やしその道を磨き極めることは，実は，エモコンの達成に大きく役立つことをぜひ頭に入れておいてください。

　ただし，余暇やプライベートを大切にすると，仕事とどう折り合いをつけるかという問題が残ります。実は，この問題は，

　「ワークライフバランス」

では解決できません。

　詳しくは，第10章で述べましょう。

第8章

企業倫理とは
エモコンそのもの！

　エモーショナルコンプライアンス（エモコン）の概念，そして，それが目指すところ，そのために必要なこと，積極的に取り入れたい視点について述べてきました。それを踏まえて本章は，エモコンがビジネス，さらには企業倫理とどのような関係をもっているかについて，もう少し詳しく解説をします。

　その目的は，エモコンという考え方は，単なる独自の奇抜な発想ではなく，現状の「不正をするな！パラダイム」のコンプライアンスに比べて，むしろ企業倫理との親和性が高いことを理解したうえで，現場でも積極的に取り入れてもらいたい，ということにあります。

　また，企業社会では，CSR, ESG, SDGs, Purpose等，横文字の概念が多すぎて，何をどこからやればよいかわからないという状況のなかで，これらをすべて含んだ概念をもつことの必要性もあります。

　このような観点から，ビジネスや企業倫理とエモコンの関係をみていくことにしましょう。

■コンプライアンスとビジネスは，切っても切れない関係にあるとはどういうことか？

　コンプライアンスとビジネスは不即不離の関係にあることはすでに述べましたが，ここでは，図を使いながら別の視点で説明してみましょう（【図表8−1】）。

【図表8－1】 ビジネスとエモーショナルコンプライアンスの関係

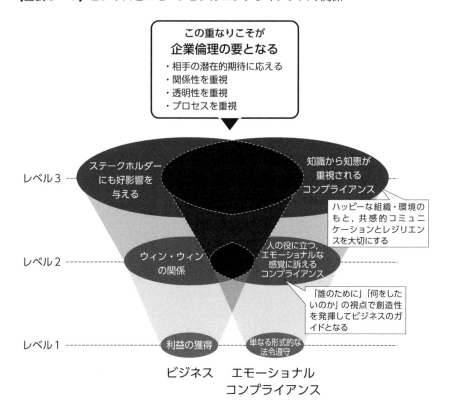

出典：拙著『エモーショナルコンプライアンスの理論と実践』（Business Law Journal, 2017年6月号 83頁）

① レベル1

　まず，ビジネスとコンプライアンスをお互いに最も狭い抽象度で捉えると，前者は「利益の獲得」，後者は，「単なる」法令遵守となります。

　このレベルで捉える限り，両者は相反するものでありこそすれ，親和性や重なりはほとんど見られません。要するに，「金儲け」VS「金儲けを制約・阻害する法令」という関係です。この考え方のもとでは，「法令に明確に違反と書いていない限り何をやってもよい」という，法の間隙を縫って貪欲に金を稼ぐ

という行動パターンが起きやすいといえます。

② レベル2

　では，ビジネスとコンプライアンスの抽象度を，それぞれ1段階上げてみましょう。

　ビジネスの世界では，弱肉強食の発想は，短期的には儲けることができても中長期的には自らの利益をも損なう結果を招くことから，自身と相手方がいわゆるウィン・ウィンの関係を築いて，両者が継続的に繁栄していくことを目指すことになります。

　コンプライアンスの世界においても，単に杓子定規にものを考えることをせず，法の趣旨に照らし，その精神を貫きつつも柔軟な解釈適用を行い，また，形式のみならず実質も担保しながら法の運用を実りあるものにしていくという側面がより重視されるようになる……つまり，「創造性」が重要な要素となってきます。

　このレベル2では，ビジネスとコンプライアンスが重なりをもち始めます。

　例えば，ウィン・ウィンの関係を模索するということは，とりもなおさず，自らの都合だけでなく相手の都合も考えたり，役割に応じて利益や成果を分け合ったりすることが重要になります。独占禁止法を例に挙げれば，優越的地位の濫用とならないようにするため，いかに形式を取り繕うか（＝法違反の証拠を残さないようにどう振る舞うか）ではなく，ビジネスパートナーとして相手の期待にどう応えていくか，そして利益をどうやって分けていくかという点に重点が置かれるようになります。

　そして，コンプライアンスの世界においても，「誰のために」「何をしたいのか」という視点から，グレーゾーンの解決にあたっても，一方的で都合のよい法解釈ではなく，原理原則に基づき許されること・許されないことを切り分けながら，結果的に「正しいビジネスを導くガイド」として，法の解釈や運用を目指すようになるのです。

③ レベル3

　両者の抽象度をさらに上げて，より高次の視点から捉えるとどうなるでしょ

うか？

　ビジネスの世界では，単に取引当事者が満足するだけではなく，ステークホルダーも満足し得ることを目指して活動が行われるようになります。開発途上国での開発が，ジョイントベンチャー（JV）企業だけではなく，当然に現地での発展にも役立つ，または，新しい商品やサービスの提供が，単に利用者だけではなく，町興しや地域の活性化へとつながっていく等の例を出せばわかりやすいでしょう。

　一方，コンプライアンスの世界でも，ステークホルダーへの開示や説明責任を法定レベル「以上」に高めることによって，一方的なコミュニケーションから「共感を得るコミュニケーション」へと広がりをもたらすツールとなっていきます。仮に，何らかの不祥事が起きてしまったとしても，それを隠蔽し闇に葬るのではなく，問題点を認識すること，そして失敗を次へつなげるための回復力・自浄作用（レジリエンス）に力点が置かれる（問題点の改善に向けたプロセスを重視して，社内外で最大限の共感や納得を得られるように対応する）ことになるのです。まさに，レジリエンスがここで発揮されます。

　この法の世界におけるレジリエンスは，「法の生命は論理ではなく経験」であるという，著名な米国最高裁判所判事であったオリバー・ウェンデル・ホームズ氏の言葉にもつながっていきます。本来の意味とはやや異なりますが，この名言はこのような意味でも解釈可能と私は思っています。つまり，知識のみで問題を解決するのではなく，これまでの経験を活かして（次へ次へとつながるという発想），いわば智慧を使って問題に対処し，改善していく。このような発想をもてば，「説明責任」が法定のレベルでとどまることもあれば，それを超えてステークホルダーと積極的なコミュニケーションをとっていくという柔軟な思考を生むこともできるのです。

　エモコンにおいては，楽しくやりがいのあるハッピーな状況をつくること，組織内でイメージの共有を図ることが極めて重要でした。それは，職場環境やコミュニケーション，職場の雰囲気，企業文化こそが不祥事を防ぐ最も重要な要素であるともいえ，コンプライアンスの世界においても当然にこれらの施策に力点が置かれるはずです。

　例えば，すでに述べたとおり，「プライベートを大切にする」ことは，不快

脳の働く状況を極力回避し，ストレス過多を防ぐ，そして，何よりも所属する
会社や組織とは違った価値感に触れる機会をもち続けるために大いに役立つの
です。プライベートの時間を大切にすることの重要性を強調すればするほど，
ビジネス以外の人間関係や社会とのつながりが，実は生じてきます。

　このように，ビジネスの概念を広げ，コンプライアンスの定義を拡張してい
くと，ビジネスとコンプライアンスは，より多くの部分で重なりをもつ「切っ
ても切れない」関係へと変容していきます。そして，この両者の重なりに，実
は「企業倫理」が存在するのです。

■企業倫理の4要素

　私は，以前から企業倫理を4つの要素から捉えてきました。ここではその要
点とエモコンとの関係について述べます。

　そもそも，「正しさ」という概念には「絶対的な」正しさがないことは本書
で繰り返し述べてきましたが，それは倫理においても同様です。倫理を固定
的・静的なものと捉えずに，時と状況に応じながら，ダイナミックに流れる動
的な概念と捉えるのが，実務ではとても役立ちます。

　　「ビジネス倫理が，ただ1つの物議をかもすおそれのない答えを出すことは
　めったにない」[1]

のです。それを前提に企業倫理を考えると，以下のように整理することができ
るでしょう。
　(i)　要素①：相互の信頼関係を破壊しない（＝相手の潜在的期待に応える）
　信頼関係を築くという表現をよく聞きますが，それをさらに深掘りすると，
相手に安心感を与えること，そして，さらにサービスや商品を提供することに
よって相手に喜びや感動を与えること，すなわち，相手の潜在的な期待に応え
ることだといえます。

1　V.E.ヘンダーソン『有徳企業の条件』（清流出版，1995年）153頁以下。

　ポジティブサプライズがあるとき，私たちは「素晴らしい！」「よくわかっている」と相手に対してより強い信頼を感じることが多いものです。そして，商品やサービスのリピーターになり，熱狂的なファンにもなりえます。つまり，こちらから「ああしてほしい」「こうしてほしい」と言わなくても，それを理解・察知して「痒いところに手が届く」行動をとることは，利己的であるとともに利他的であり，しかも，お互いがそのような行動に出るならば，絆はより深まっていくものです。

　ただし，これを「社会」の要請や期待に応えると抽象化しないほうがよいことはすでに述べました。同調圧力，忖度を招く危険があるからです。そうではなく，目の前のステークホルダーに対して，ゴールという高い視点を見据えて，相手の潜在的な期待に応えていくことは，自らを殺して相手に合わせる「忖度」とは大いに異なるものなのです。

(ii)　要素②：関係性を重視する

　「相手の潜在的期待に応える」ことを重視するとは，何事も権利・義務だけで解決しないで，両者の「関係性」を重視するということにつながります。

　「一圓融合」という考え方——世で相対するものは，すべてが互いに働き合って一体となっている。だから別々に切り離して考えるのではなく，1つの円の中で，すべてのものが互いに働き合い，一体となったときに初めて結果が出る——が，まさに関係性を言い表しています[2]。

　要するに，強いものが正しい，すべてではなく，かといって，弱いものがかわいそうな，庇護するべき立場のみにあるのでもなく，お互いの役割を認識しつつ，そのなかで役割を分担して協働していく場合にこそ，倫理的な行動が生まれるということです。

(iii)　要素③：透明性を重視する

　「正しいこと」をする際には，ときに胡散臭い，独りよがりの，下手をすると"裸の王様"状態になりかねません。

2　一圓融合とは，二宮尊徳によって提唱された言葉です。コーポレート・ガバナンスを「良心」から説明する一橋大学の田中一弘教授は，これに近い考え方を「互慮」と呼んでいます（田中一弘『「良心」から企業統治を考える』（東洋経済新報社，2014年）199頁）。また，コーチングを学んでいくうちに，これを「縁起」として捉えるという考え方を知り，参考になりました（前掲第7章注4・苫米地英人・92頁など）。

　常に客観的に，あるいは，今やっていること，やろうとしていることを見る，あるいは必要に応じて第三者の目からチェックを受けるということは，継続的に良いビジネスを行っていくうえで不可欠です。私も含め，自分のこと（自社のこと）を客観的に分析するのは難しいものです。だから，CTやMRIで見えない身体の深部をチェックしてもらうように，第三者の目線で盲点をチェックしてもらうことは，中長期的に見れば，組織をより強固なものにしていくのに極めて役立つと言えるのです。

　また，今自分たちは何をしようとしているのか？　問題が発生したら現状は何で，どこへ行こうとしているのかをステークホルダーに説明することによって，不祥事もプラスの方向へ誘うツールに変えることができるのです。説明責任・ディスクロージャーの充実は，まさに，企業倫理の要です。

(iv)　要素④：プロセスを重視する

　最後は，「結果」もさることながら「プロセス」を重視することです。

　もちろん，プロの世界は，結果がすべて。でも，白か黒か即座に判断がつかないグレーゾーンでこそ，即断即決するのではなく，そのなかで生じるジレンマに真正面から取り組んで考え抜くことは，実は，企業倫理の要なのです。そのうえで，結果も出していくのがプロ中のプロでしょう。

　「経営倫理は，意思決定のプロセスにおいてジレンマの知覚なくしてあり得ない」「ジレンマに苦悩している経営者や管理者は，むしろ経営理念の実現のために歓迎される存在」[3]

であることを，ぜひ頭に入れておいてください。「正義は１つではない」ことは，倫理トレーニングの章（第12章）でまた詳しくお話しします。

■エモコンは企業倫理そのもの

　「要素①：相手の潜在的期待に応える」ためには，「もっともっと」という気

3　水谷雅一『経営倫理学の実践と課題』（白桃書房，1995年）97頁。

持ちや，相手への共感力が不可欠です。それは，快適脳が働き，自らがハッピーな状況にあり，そのような職場環境にあるからこそ，そして，常にゴール（未来）から今を見据えて「何をしたいか」を探っていくからこそ成し遂げることができるのです。

　また，前述の「プライベートを大切にする」こと（プライスレスなことに没頭できる力）は，共感力を高める魔法のツールであることもすでに述べました。

　「他人に対するアプローチの視点」を変えることがエモコンにおいて重要な視点であると冒頭で述べましたが，単なるトップダウンではなく他者を巻き込んでボトムアップを形成していくということは，「要素②：関係性を重視する」ことにほかなりません。

　加えて，エモコンに積極的に取り入れたい視点として紹介した，セルフエスティーム（自己肯定力）を上げる，組織のなかで孤立した者を作らない，説教ではなく認識してあげる等は，まさに「関係性」そのものであるといえます。

　さらに，エモコンは，コミュニケーションをイメージの共有と捉えますが，組織がどこへ向かっていこうとしているのか，何が是で何が否かをみんなが言語のみならず非言語で共有するということは，組織内での方向性を明確にする，「要素③：透明性を重視する」ことにつながっていきます。また，対外的な開示を含めたコミュニケーションによって，自らのありたい姿を公にし，明示していくことをも意味します。

　最後に，「要素④：プロセスを重視する」に関しては，まさにエモコンそのものといってもよいでしょう。「誰のために」「何をしたいか」を常に考えながら，創造性を発揮して，利益も倫理も同時に追求していくという能動的かつ動的な行為・プロセスがエモコンだからです。

　このように企業倫理を捉えていくと，エモコンは，まさに企業倫理そのものの要素をすべて含んでいるといえるのです。

■ティール組織はエモコンとまさに相通じる！

　ビジネスとエモコンが不即不離であることをさらに明確にする考えは，以前からもありましたが，この数年は，その動きがビジネスサイドからも加速して

いると思います。なかでも，2018年に日本語版で出版された『ティール組織』（英治出版，2018年）は，550頁を超えるビジネス本であるにもかかわらずベストセラーとなりましたが，エモコンに極めて親和性がある考え方です。私がエモコンを書物で最初に発表したのは，2012年でしたが，この本の出現によってとても勇気づけられました。

　この本において，
「ティール型（進化型）パラダイムとは，全体性とコミュニティーを目指して努力し，職場では自分らしさを失うことなく，しかし人と人との関係を大事に育てることに深く関わっていくような人々を支える組織」（87頁）

と表現されています。
　特に私がビビッドに感じたそのキーワードは，

---

① 　価値観を重視する文化と心を揺さぶるような存在目的（58頁）
② 　対立性を超過した全体性（83頁）
③ 　存在目的に耳を傾ける（324頁）
④ 　組織が定める「ミッション・ステートメント」が空疎に響くのは自社の存在目的よりも「勝利」を重視しがちだから（325頁）
⑤ 　社員が働く仲間として組織の存在目的に耳を傾けるように求められると社員の側も「自分が人生でなすべき使命はなんだろうか」と考える（370頁）
⑥ 　未来をつくりだす（502頁）

などです。
　ティール組織論は，マネジメントサイドからの提言であり，コンプライアンスサイドのものではありませんが，いかにエモコンとパラダイムが近いかがわかるでしょう（コラム20）。ぜひ，この考え方も参考にして，エモコンをさらに良いものへと進化させていってください。

コラム20　ケン・ウイルバー

　この本を読んだときの驚きは，著者の背後に，「ケン・ウイルバー」の存在があったことです。

　ケン・ウイルバーは，「トランスパーソナル心理学」「ニューエイジ」の旗手として，かつて一世を風靡しました。私も，イェールロースクールに留学していた時，地下３階の書庫からケン・ウイルバーの『意識のスペクトル』という本を見つけ，このような種類の本がロースクールの図書館にあることに感動し，むさぼり読んだことを覚えています。

　下手をするとスピリチュアルと捉えかねない内容も含んでいますが，コラム９で述べたように，当時重度障がい者の子どもを抱えながら単身留学していた私の未来への支えとなった本の１つでした。

　それから，ケン・ウイルバーにとどまらず，複雑系の本にたくさん刺激を受けて（フリチョフ・カプラの『The web of life』には特に影響を受けました），それらが当時書いた論文の強烈なヒントになったことを今でも懐かしく思い出します。

　逆に言うと，ティール組織の神髄は，ケン・ウイルバーの著作を読まずにして触れることはできません。興味のある方は，ぜひご一読されることをお勧めします。

第9章

エモコンの総まとめ

■黄金のペンタゴン

　ここでエモーショナルコンプライアンス（エモコン）の理論をまとめてみましょう。

　エモコンとは，

---

① 「不正をするな！」から「正しいことをしようよ！」へのパラダイムの転換を，内発的動機と「嬉しい」「やりがいがある」「夢中になれる」「誇らしい」という自らのプラスの情動を利用して図ること。その結果，コンプライアンスの定義も

② 「人の役に立つ」，より良い製品やサービスを提供して胸を張って利益を出すための必要なガイドと捉え

③ 単なる法令の知識の獲得や遵守という結果ではなく，直面する課題や問題にどう取り組んでいくかという思考方法であり，それを導くための創造的エネルギーを発揮するためのマインドの使い方であり，解決に至るまでのプロセスを重視すること

と説明してきました。それにリスクマネジメント，クライシスマネジメントも

122

取り入れると,

　法令の知識×マインド×リスクマネジメント×クライシスマネジメント×レ
ジリエンスをプロセスで捉えること[1]

ということもできます。
　これを，図でまとめると以下のようになります（【図表9－1】）。

【図表9－1】黄金のペンタゴン

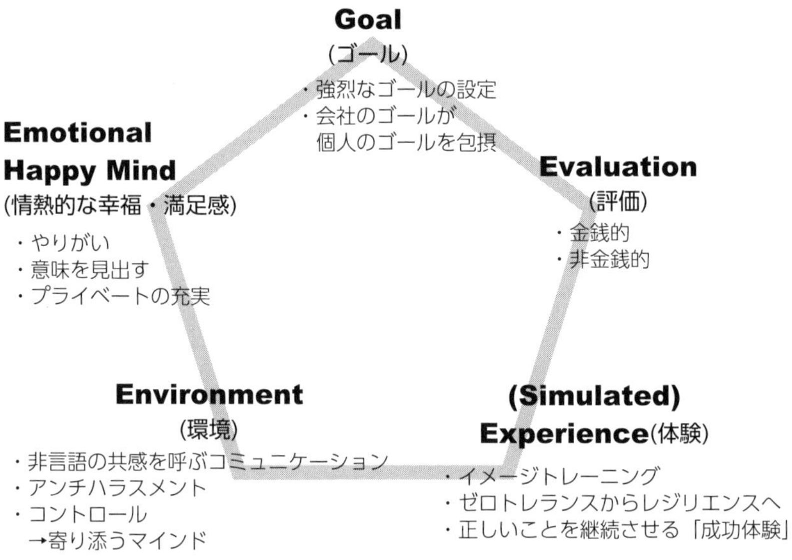

Goal
(ゴール)
・強烈なゴールの設定
・会社のゴールが
　個人のゴールを包摂

**Emotional
Happy Mind**
(情熱的な幸福・満足感)
・やりがい
・意味を見出す
・プライベートの充実

Evaluation
(評価)
・金銭的
・非金銭的

Environment
(環境)
・非言語の共感を呼ぶコミュニケーション
・アンチハラスメント
・コントロール
　→寄り添うマインド

**(Simulated)
Experience**(体験)
・イメージトレーニング
・ゼロトレランスからレジリエンスへ
・正しいことを継続させる「成功体験」

　①エモコンの中心となるのが，ゴールの存在であり（Goal），それを達成す
るためにも，②創造的エネルギー発揮機能を活性化して，ポジティブな情動を
うまく利用したハッピーなマインドを醸成し（Emotional Happy Mind），③そ
れを，コミュニケーションや寄り添うマインドを活かして組織のなかでも活か

1　リスクマネジメント，クライシスマネジメントについては，拙著（『Business Law Journal』
　2015年4～8月号），白井邦芳『リスクマネジメントの教科書』（東洋経済新報社，2014年）等参照。

すことによって，個人だけではなく組織もがハッピーな環境を構築し（Environment），④それを持続させるために，自己回復力を重視しながら，理論を体に染み込ませる体験をも大切にする（Experience）。また，VRで仮想空間における疑似体験（Simulated Experience）を通して，身体で感じとる。そして，⑤ゼロ・トレランスではなくポジティブかつレジリエンス思考で金銭的，非金銭的評価も行う（Evaluation），とも表現できるわけです。

　私は，これを

「黄金のペンタゴン」[2]

と名づけました。

　これまでは，不正のトライアングル，つまり「動機」「機会」「正当化」という不正の原因分析ばかりに意識が集中して，それがなぜ起こるのかの解明についても，人の心理や脳の働きまで踏み込まない，通り一遍のものしかありませんでした。これを，もっと，未来につなげる，そして，人や組織のマインド（企業風土）を大きく変えていくドライバーとなるような指標に置き換えたのが，エモコンであり，黄金のペンタゴンなのです。

■「不正をするな！」と「正しいことをしようよ！」の現場での差異は軸の数の違い！　3軸でものを考える！

　エモコンの考えは理解できたとして，これをさらに現場レベルで使いやすくするために，現行の体制とも比較しながら，もう少し詳しく落とし込んでみることにします。

　現在，リスク管理やコンプライアンスに少しでも関わっている人であれば，内部統制という考え方をご存じだと思います。この内部統制とエモコンは何が違うのでしょうか？　実は，内部統制も近頃は大きな変化を迎えています。

　COSOフレームワークが，内部統制の最も有名な指針ですが，内部統制とは，

2　現在，「不正のトライアングル」は「不正のペンタゴン」にまで発展していますが，「黄金のペンタゴン」はそれらとは真逆の視点から「正しいことを行うための要素」を考えています。

もともとは「事業体の取締役会，経営者およびその他の構成員によって実行され，業務，報告およびコンプライアンスに関連する目的の達成に関して合理的な保証を提供するために整備された1つのプロセス」をいいます[3]。

　このフレームワークでは，当初は3つの目的と5つの構成要素から，そして，2004年からは，業務の有効性，財務報告の信頼性，関連法規の遵守，戦略の4つを目的に，統制環境，リスク評価，統制活動，情報と伝達，モニタリング，目的設定，イベント識別およびリスク対応という，8つの構成要素に増やして内部統制を捉えてきました。そして，COSOフレームワークは，さらに2017年に改訂され，5つの構成要素と20の原則で表されるとともに，ERM（エンタープライズリスクマネジメント）を守りの観点から強調するだけでなく，リスクを管理するうえで，特に①組織のカルチャーを理解すること，②戦略やビジネス目標の達成を目的として行うこと，③価値と紐付けること等が強調されるようになったのです。

　このように，COSOフレームワーク自体が進化していることは良いことですが，問題は，まだまだ一面的にしかすぎないことです。

　たしかに，改訂COSOフレームワークでは，4つの目的と8つの構成要素にとどまらず，目標の達成や価値と紐付けるところまで広がりました。しかし，エモコンは，もっと広くて複眼的視点からものを捉えています。

　一番の違いは，

エモコンは「3軸」でものを考える

という発想です（コラム21）。

　まず主軸は，あくまでGoalです。それを具体的に現場で支えるのが，エモコンの発想を取り入れた内部統制でしょう。しかし，これだけだと，悪魔の囁きには勝てない。だから，もう1つの側軸として抵抗力・免疫をも高める側軸，つまりEmotional Happy Mindの状況を継続させる環境を用いるのです。ここでいう環境とは，

3　COSO（トレッドウェイ委員会支援組織委員会）「内部統制の統合的フレームワーク」（2013年5月公表）。

「統制環境ではなく」あくまで「マインドの環境整備」

です。つまり，エモコンは，組織で働く個々人により着目して，そのマインド
を新しい時代にふさわしいものへと進化させることに重きが置かれているので
す。

　さらに，「物理空間または仮想空間での経験」（Experince）の重視（これが
倫理トレーニング）と評価（Evaluation）が別の側軸となります。これを，先
ほどの「黄金のペンタゴン」と合わせると，以下のような図になります（【図
表9－2】）。

【図表9－2】エモコンと3軸

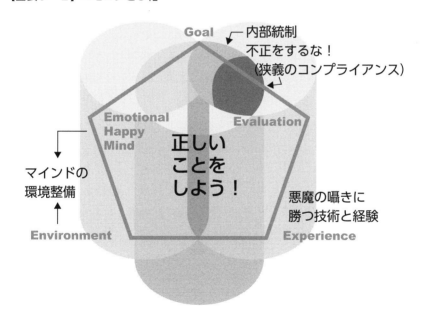

　このように，エモコンは現状の内部統制をないがしろにするものではありま
せんが，さらにそれを進化させるために，主軸，側軸という「3軸」を使って，
しかも，その3軸を由来とする施策をすべて重ねることによって，結果的には，

　内部統制「をも」より高めていくものとなっていくのです。その意味で，エモコンが，今までのコンプライアンスや内部統制と異なり，複眼的・俯瞰的視点から，

　組織で働く人そのものに焦点を当て，かつ人のマインドの使い方に強くフォーカスする施策

と捉えるものだということが，現状の施策と比較して，さらによく理解できたのではないかと思います[4]。

　　コラム21　　3軸の考え方

　この3軸という発想は，運動生理学から来ています[5]。

　武道に限らず，多くの運動は，身体の中心軸のほかに2つの「側軸」を活用します。つまり，身体の中心軸のほかに，肩（肩井）から股関節を通って足（湧泉）にまで伸びる軸に立って，姿勢を整えつつバランスを取るのです。

　この3軸は，身体の中心だけの一軸で体勢を整えるより，はるかに安定性が増し，気をめぐらしやすくなるという利点があります。組織も人間の身体と同じで，1つの軸より3軸で考えたほうが，より安定するとともに，さまざまなリスクやクライシスにも強い体制を作ることができるのです。

4　また，エモコンは，IIA（内部監査協会）の「3ラインモデル」を否定するものではありませんが，第1線，第2線，第3線の中でも，現場のオーナシップ重視（第7章）の観点から第1線の取組みを特に大切にすること，また，各ラインのそれぞれが「3軸」を中心にエモコンを実践することが主眼である点において，「3ラインモデル」とは「似て異なるもの」なのです。

5　運動科学で有名な高岡英夫氏がこの3軸の重要性を唱えています（高岡英夫『キレッキレ股関節でパフォーマンスは上がる！』（カンゼン，2019年）。私も，武道を習ったり，体調管理のためパーソナルトレーニングを受けるなかで，この3軸の重要性をアスリートから学んできました。

「正しいことをしようよ！」を脳だけではなく身体で感じるための橋渡しは「イメージ」！
―イメージトレーニングの勧めと実践（総論）

「不正をするな！」から「正しいことをしようよ！」へ。

このマインドの転換が，コンプライアンスを成功裡に実行するうえでは不可欠であることをこれまで述べてきました。読者の皆さんには，概ね理解していただけたのではないでしょうか？

そこで，いよいよ次のステップは，エモーショナルコンプライアンス（エモコン）をビジネスの現場でみなさんが自主的に使いこなせるようになることです。

エモコンは頭で理解したからといってスムーズに行動に移せるかといえば，必ずしもそうではありません。実際，巷で行われている一般的なコンプライアンス研修では，数時間のセミナーを受講して「なるほど」と思うことがあるとしても，1日，10日，1か月と経つとその理解は薄らぎ，「今」やるべきことに忙殺されて，気づいたら，以前とほとんど何も変わっていないということになっているのが現状だと思います。パワーポイントなどで綺麗にまとめられた研修資料を見て，知識を頭にインストールしたつもりでも，それらを臨機応変

に活用することはなかなかできないのです。ここに，コンプライアンスの難しさがあります。

　しかし，理解したことがそのまま実行できないのは，何もコンプライアンスだけの専売特許ではありません。

　典型的なのは，スポーツの世界です。第1章でも触れましたが，スポーツの本1冊を読んで，その種目のエキスパートになれるでしょうか？　スキル本を何十冊と読めば，また，eラーニングを受ければ，オリンピックで金メダルを取り，全米オープンやマスターズで優勝できるでしょうか？　もちろん，「絶対に」無理です。それは武道でも芸術でも同じです。

　例えば，武道は通信教育では学べないといいます。技をかけられる，またはかける一瞬の気配，空気，相手の呼吸，間合い，気。こうしたものをすべて身体で感じて，それを染み込ませて，最後にはそれを無意識の世界に落とし込んで初めて，相手の技をかわし，こちらの技をかけることができるのです。この「口では表せない何か」は身体に染み込ませて覚えるほかはないことを，私もこの世界に少しは身を置いて，ますます実感しているところです。「言語では表せない何か」を身体に染み込ませて覚えるほかはないのです。

　したがって，知識を「身体全体で覚えるため」には，

知識（脳）と身体をつなぐ（一体化する）媒介

がどうしても必要となってきます。この媒介を果たすのが，**イメージ**であり，それを身体に染み込ませるのが**イメージトレーニング**にほかなりません。このことを理解すると，コンプライアンスのトレーニングにも，知識をイメージに変えてそれを身体に落とし込むトレーニングが必要だということがわかっていただけるのではないかと思います。

　エモコンでは，第1章や第7章で「身体全体」で感じ取ることを重要視することを述べてきました。身体という，ある意味，最も感じやすい，しかし，実は身体で感じるということが，無意識や習慣ゆえにどれほど難しいかを意識し，そして理解し，そのうえで，エモコンの知識や智慧を身体に染み込ませていくことが重要なのです。

　では，早速，エモコンのイメージトレーニングについてご紹介していきましょう。

■イメージの限界を超えて，行動を変える

　「イメージトレーニング」という言葉を，ほとんどの読者の皆さんは一度くらい聞いたことがあると思います。では，実際に行ったことのある人はどのくらいいるでしょうか？　おそらく，スポーツや音楽の世界で取り組んだ人を除けばあまりいないのではないでしょうか。"知識としてはもっているが体感を伴ってはいない"という点において，コンプライアンスとイメージトレーニングは共通しているわけです。

　イメージトレーニングといえば，スポーツの印象が強いかもしれません。私自身も，マイケル・フェルプスという，水泳の世界で，オリンピック等で20個以上のメダルを取った伝説的なアスリートと同じ先生やその師匠から，イメージトレーニングを学びました。そして私は，このイメージトレーニングをコンプライアンス研修に積極的に取り入れています。

　イメージトレーニングが，なぜ脳と身体をつなぐ媒体になるのか？　それは，

「イメージできないことはマネージできない」[1]
「イメージの限界がマネージの限界」[2]

だからです。"マネージする"とは対処するという意味になりますが，イメージの限界が行動の限界であり，自分のなかでイメージできないものは絶対に行動に移せない，対処できないのです。

　私たちの意識のなかにはたくさんの壁があります。なかでも最も大きいのが，第2章でも言及しましたが「行動の壁」です。頭で理解し，意識には上がっているのに，行動に移せない。コンプライアンスの世界では，

1　野田稔「危機に対する洞察力を高めよ—イメージできないものはマネージできない」（日経ビジネス2000年11月20日号）54〜56頁。
2　前掲第4章注6・苫米地英人・Kindle版。

「頭では悪いとわかっていても，行動する際にはそれ（やりたいこと）を
やってしまう」という「限定された倫理性」

です。

　この壁は，言葉を尽くしたところで崩すことはできません。また，頭の良し
悪し，学歴も関係ありません。このことは第1章で述べた関西電力事件，前東
京高検検事長麻雀事件や近時の総務省接待事件を思い浮かべるとすぐわかると
思います。では，どうやってイメージを使うか，そして，身体に染み込ませて
いくか？　この手法を次に紹介していきましょう（コラム22）。

 コラム22　　イメージトレーニングの起源

　イメージトレーニングは，もともとは旧ソビエト連邦における宇宙開発
プロジェクトにおいて開発されたと言われています。地球外へ飛行するこ
とへの恐怖を克服し，人類史上の偉業を成し遂げられるようにという目的
でした。

　困難に立ち向かうため，大きなゴール設定を行い，マインドを変えて
いった結果，宇宙飛行士たちの「宇宙へ行く」という意志が固まり，プロ
ジェクトが動きました。

　その後，イメージトレーニングはスポーツに取り入れられ，旧ソ連の代
表選手たちはオリンピックなどで数々のメダルを獲得するようになります。
やがてアメリカのスポーツ界にもイメージトレーニングは浸透し，アメリ
カの選手も金メダルを多く手にするようになりました。

　イメージトレーニングは現在，スポーツ界をはじめとした多くの分野で
活用されています。ただし，コンプライアンスの世界では皆無です。この
ような智慧を活かせないのは，ある意味，とてももったいないことです。

■イメージトレーニングの肝と効果

　第1章と第2章で無意識（マインド）の重要性，そしてその無意識を変える重要性を述べてきましたが，無意識は普段は意識していないゆえに無意識なのですから，それを変えるには一度無意識を意識に上げるという作業が必要となります。要するに，

変える対象に気づけないと，変えようがない

のです。

　そして，意識に上がったものを，評価・分析し，別の何かを加えて，アップデートして，それを最終的に身体に染み込ませ，その後，無意識にまた戻していく（落とし込んでいく）ことが必要となっていきます。例えば，スポーツでも漢字ドリルでも反復練習を繰り返すのは，最終的に「無意識へ落とし込んでいく」作業だと理解すれば，よりわかりやすいでしょう。つまり，考えるまでもなく「正しいことができる」ことが，無意識に落とし込んで初めてできるのです。

　こうしてようやく，司令塔としての無意識が書き換えられます。

　意識に上がったものに「何かを加え，変える」，それがまさにイメージです。まとめると，

無意識→意識→イメージ力によって強化・変更→無意識に戻す

このフィードバックのプロセスをぜひ覚えておいてください。そして，このイメージトレーニングでひとたび「組織の無意識」が書き換えられ，「正しいことを行う」イメージが定着すると，「正しいことをやろう」と誰かが声高な号令をかけて旗を振らなくても，「イメージの共有」という非言語のコミュニケーションによって，個々人がコンプライアンスに適う行動を勝手に実践できるようになっていくのです。フィードバックを繰り返すことによって，このよ

うなサイクルが生まれる，その重要性を忘れないでください。

■イメージの実験：行動への影響力を知る

　実際に，私たちの行動にイメージはどれほど強い影響を及ぼすのでしょうか？　「イメージできないことはマネージできない」という事実を「体感」していただくために，コンプライアンス研修で行った実験例を２つご紹介します。
　まず，１つ目です。幅，長さともに２メートル強の板が地面に置いてあると想定します。この正方形の板の上を，目を閉じてゆっくり歩くことをイメージしてください。大切なのは目を閉じることです。私たちは普段，視覚から多くの情報を得ていますが，目を閉じることによって多くの情報を遮断し，イメージだけに集中することができます。この段階ではほとんどの人が歩くことができました。
　では次に，幅30センチ，長さ200メートル，高さ500メートルの断崖絶壁の上にある細い棒を思い浮かべ，その上を歩くことをイメージします。今日は快晴ですが，強風が吹いていて，谷底にはコヨーテが歩き回り，１人として生還した者はいません……。
　このイメージのなかで，どれぐらいの人がその棒の上を歩けたでしょうか？ほとんどの人が，歩けませんね。

　「怖くて一歩も踏み出せない」
　「足がすくんで立っていることすら難しい」

という気持ちに，普通はなります。
　想像上のことなのに，なぜ途端にこのような結果になってしまうのでしょうか？　それは，私たちの無意識の内に“恐怖”がすでにインストールされているからです。
　私には現在２人の子どもがいますが，下の子が５歳の頃にこの実験を行ったところ，正方形の板も断崖絶壁の上の細い棒も，どちらの上も平気で歩いていました。ところが12歳になって再びこの実験を試みたら，細い棒の上を歩くこ

とはできなくなっていたのです。成長の過程で，「高所を歩くのは怖い」という恐怖を，無意識が獲得してしまったのがその原因です。
　もう1つ，別の実験の例です。ある日，自分の預金通帳に1億円が入金されていました。理由はわかりません。あなたなら，どう感じるでしょうか。

　　やった！　とばかりに世界一周旅行にすぐ出かける人
　　私はそんなに稼ぐ力はないから，「何かの間違いではないか」と確認する人
　　「おかしい。入金額が一桁『少ない！』」と言う人
　　そもそも気づかない人

さまざまな反応が研修では起きますが，大多数の人は

　　「これ，何かまずいんじゃない？」

と不安を感じるものです。
　この実験から見えてきたのは，私たちが普段もっているお金に対するイメージによって，それぞれの行動が大きく変わるということです。もちろん，突然1億円が入ってポジティブに考える人は，リスク感覚が低いということもできますが，いつも預金残高が数十億円，百億円の人からみれば，1億円が入金されていても気づかないことすらあるわけで，普段慣れ親しんでいるゾーンやお金へのイメージ，そして自己肯定感の大小によっても，答えは大きく分かれるのです。
　2つの実験例に共通するのは，私たちは「イメージで自分の行動を制御している」ということです。つまり，

　　自分の行動の限界は自分のイメージで決めている

ということです。また，

　　普段からもっているイメージがあらかじめもっている無意識と結合して行動

を左右する

という，イメージにはおそろしいまでに強い影響力があります

　コンプライアンスに翻ってみれば，どれだけ「正しいことをやろうよ！」と大号令をかけ，個々人がそう思ったとしても，

　「コンプライアンス？　そんなの所詮は綺麗ごと」
　「ばれない程度にテキトーに」
　「利益がやはりすべてでしょう！」

とネガティブなイメージをもっている限り，そして，無意識下で「嫌い」というイメージが染みついている限り，仮に一度や二度は正しいことができたとしても，正しい行動を取り続けることはできないのです。なぜなら，そのようなマインドでいる限り，誰かに言われて仕方なく従っていたとしても，人の目がない状況下では「ちょっとぐらいいいかな」と悪魔の囁きに容易に負けて，道を逸れてしまうからです。

　そうした局面を乗り越えるためにこそ重要なのが，

　新しいイメージを創ること。もしくは，イメージを変えること，そしてそれを無意識に落とし込んでいくこと

なのです。コンプライアンスとの関係でいえば，

　「綺麗ごとを言って，それでもちゃんと利益も出せる！」

このようなイメージが極めて大切なのです。

　これを別の表現にすると，「Yes, but」ではなく，どれだけ「Yes, and more」でイメージできるかです。前者は，「やりたいなー，でも，無理……」というもので，後者は「やりたいなー，よし，ではこうしよう！」というものです。つまり，前者は常に，達成したいことを夢みている単なる「願望」にす

ぎないのですが，これでは，いつまでたっても，行動は変わりません。後に説明するように，「今が変わらない」ゴール設定やその基本となるイメージでは，意味がないということです。

■イメージの実践：職場で幸福を感じたときを想定する

　それでは，いよいよ具体的にエモコンの世界でイメージトレーニングを実践してみましょう。職場のなかで，どうやってエモコンが描く世界のイメージを創っていくかがポイントです。
　まず，正しいことをやり遂げたときのイメージを思い浮かべてみましょう。
　例えば，あるプロジェクトで

「このプロジェクトは絶対に成功させる必要があるから，何としてでも獲得しろ」
「法令遵守？　どうするかはお前に任せる。ただし，綺麗ごとだけでは世の中通用しないことは忘れるな！」

と上司から促されたとします。しかし，あなたは自分の信念に従って，こう宣言します。

「プロジェクトは成功させます。でも，正々堂々と，汚い手段や姑息な方法を使わないでやりますから」

　そして，競合他社の卑怯な手や幾多の難関にぶつかりながらも，その上司の事実上の指示を忖度することなく見事やり遂げ，プロジェクトは成功しました。
　すると，上司からも

「君のやり方が正しかった。俺が間違っていたよ。素晴らしい！　社長も大変喜んでいて，早速君を幹部候補にしたいと言っていたぞ！」

と，予想以上に評価されたのです。

　別のイメージの例も挙げましょう。朝，とても急いでいる通勤時にお年寄り
が倒れていました。その場の誰も手を貸しません。今日は大事な会議がありま
す。それに遅刻してしまうと，まず出世街道から外れます。でも，この緊急事
態のほうが大切だと考え，駅員とともにお年寄りに声をかけ，病院に連れて行
きました。その後，お年寄りの方からすごく喜ばれ，会社には感謝状が届き，
同僚からも「よくやったね」と褒められました。重要な会議への遅刻で，上司
からはこっ酷く怒られましたが，この人の感謝状でようやく事態を理解しても
らえ，自分の判断が正しかったことが自他ともに認められたのです。なんと，
社長からも「わが社の誇り！」とお褒めの言葉をもらいました。

　不正やその誘惑をはねのけて困難な道を選んだ結果，プロジェクトが成功し
た，もしくは，他の人たちは見て見ぬふりをしたが，目先のメリットより，正
しいと思う人助けを優先した結果，喜ばれた……。

　どちらの例でも，自分が想像しやすいほうをイメージしてみてください。
さぁ，あなたはどんな気持ちになっているでしょうか。それらを達成したとき
にどんなことを感じているでしょうか。5秒でも10秒でも目を閉じて考えてみ
てください。そして，想像したことを，書きとめてください。この「書く」こ
との重要性はのちほど述べますので，今は素直な気持ちをメモしてみてくださ
い。

　これまでのコンプライアンス研修でよく見られたのは，

「自分は間違っていなかった」
「誇りに思う」
「自分を褒めてあげたい」
「胸を張れる」
「もっとやってあげたい」
「すがすがしい！」
「叫びたくなる！」

といったものでした。自分が感じたフィーリングを

「高揚感」

「達成感」

「満足感」

「感動」

として表している人も少なくありません。

　つまり，この例から見えたことは，多少の困難が伴ったとしても，

正しいと思うことをやり遂げると，誰でもハッピーな気持ちになれる

ということです。そして，この逆も，実は，真なりで，私たちはハッピーな気持ちが大きくなるほど，結果的に正しいことをしやすくなる傾向にあります。理由は簡単です。快適脳が働いていればいるほど，不正や非倫理的な行為は，よほどのことがない限り不快で犯そうという気持ちにならず，誘惑があってもそれを振りほどき，自分の道を進めるという行動パターンが作動しやすくなるからです。第3章で述べたように，人は快適なことを求めるのです。

　「ハッピーな気持ち」と「正しいこと」は，まさに強い相関関係にあることをぜひ理解してみてください（【図表10－1】）。

　また，「ハッピーな気持ち」と「正しいこと」は裏から考える，つまり「ア

【図表10－1】「ハッピーな気持ち」と「正しいこと」の関係

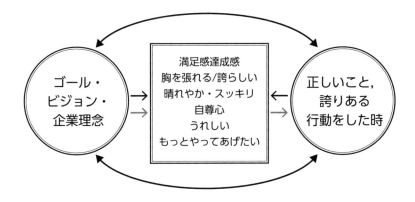

ンハッピーな気持ち」と「不正」を考えるとさらにわかりやすくなることは第
4章で説明しました。例えば，一時世間を騒然とさせたあおり運転による死亡
事故，または京都アニメーション放火殺人事件などを起こした人は，果たして
ハッピーな気持ちに満たされるような人生を送っていたでしょうか？　まず，
間違いなくそうではなかったはずです。

　マネージメントと称して，パワハラやセクハラといった行為をとることにも
同じことが言えます。

　これらの行為を行う側に立ったとして，幸福感を感じる人はいるでしょう
か？　一時的な勘違いで，優越感やカタルシスのようなものを感じたとしても，
それは本当の意味でのハッピーな状況ではありません。当事者にもそれはわか
るはずです。今が満たされていないから，そうした行為をしてしまうのです。
ましてや，受ける側はなおさらアンハッピーであり，一生忘れられない傷をも
負う危険すらあるのです。職場環境に万一こうした事態が起きていれば，ハッ
ピーな状態を保てるはずもありません。不快な状況を自他ともにつくらない。
その意味で，パワハラ，セクハラは，ハッピーな環境を最も阻害する行為とい
えるでしょう。

　心の内にハッピーな感覚をたくさんもてる環境，蓄積できる環境をつくるこ
とを，そして，それをイメージする癖をつけることを，ぜひ実践してほしいと
思います。

■「ワークライフバランス」から「ワークライフコンソリデーション」へ

　イメージトレーニングをさらに進めるにあたって，ここでもう少しハッピー
な状況についてイメージしながら考えていきましょう。

　ここで，イメージすべきことは，

　「ハッピーな環境のなかに身を置くには，具体的にはどうすればいいか」

です。

　正しいことを達成したことでハッピーな感覚を得るといったイメージの実験を行いましたが，その幸福感を常に自分のなかにキープできるように，普段の行動から照準を合わせていくための処方箋を考えてみましょう。

　第7章でエモコンにおいて「やったほうがよいこと！」の1つに，余暇やプライベートの時間を大切にすることを述べました。しかし，実際には仕事との折り合いをどうつけるかは，多くの人にとって，非常に悩ましい問題です。

　解決のヒントは，

　会社，職場，余暇，プライベートと，どれか1つではなく，どの場面でも同じようにハッピーな感覚をもてるようになる

ということです。その際，取り組む順番としては，仕事面より，プライベート面からの充実を図るほうが，結果的にすべての局面においてハッピーな状況になりやすいと私は考えます。

　昨今では「働き方改革」とよく言われますが，私はかねてより「休み方改革」こそ大切であると言い続けてきました。つまり，

　余暇やプライベートの時間にどれだけハッピーに過ごせるか？
　どんな状況で誰とどのように休みを過ごすか？

ということに，まず意識して取り組むのです。

　余暇やプライベートの時間がとてもアンハッピーなのに，仕事だけはハッピーで「持続的に」成功する，というような人は皆無です。仕事人間は一見成功しているように思われますが，必ず，どこかにしわ寄せがくるものです。自分でも気づかないうちに，パワハラやセクハラを犯してしまったり，そうでなくても，精神や健康に不調をきたしたりと，どこかに歪みが出てきます。もちろん，余暇やプライベート「だけ」がハッピーであればいい，と言いたいわけではありません。ここでのポイントは，

　両者の「バランス」ではなく，「融合」あるいは「統合」

なのです。

　私は，「ワークライフバランス」ではなく，

「ワークライフコンソリデーション」

をずっと推奨してきました。つまり，両者を「明確に分けない」ということです。

　仕事をしているようで遊んでいる。遊んでいるようで仕事をしている。この感覚を大切にするということ

でもあります。これを言うと，

　「プライベートの時間まで仕事で侵食する気か？」
　「これは搾取側の論理だ！」

などと怒られそうですが，もちろんそうではありません。

　実は，「バランスを取る」という考え方は，下手をすると，両者が中途半端に終わってしまう危険があります。よほど「軸」が定まっていないと，かえってアンバランスになるのです。誰でも，特に若い時期には，一心不乱に働く時期が必要です。その時，「バランス」だけを重視していると，結果的に，どうしてもどちらか，下手をすると両者が破綻するということが起きます。

　例えば，仕事だけをしているとどうなるでしょうか？　その結果，しばしば起きる「私と仕事とどちらが大切なの？」という深刻な問題が沸き上がって，ワーカホリックには離婚が尽きないということになってしまいます。『残酷な成功法則』[3]でも，ワーカホリックの悲惨な例が紹介されていますが，ワーカホリックになると離婚がつきまとうだけではなく不正を犯す確率が高くなってしまいます。そして，最後は燃え尽き症候群となるのです。

3　前掲第2章コラム3・エリック・バーカー・276頁以下。

　では，仕事をテキトーにやってプライベート「だけ」を充実させるのはどうでしょうか？　実は，これもうまくいかないのです。当然，がむしゃらに仕事をしなければいけないということがあります。むしろ，そうしないと，成長しません。そこで，プライベートを優先して適度にバランスをとりながら「それなりの仕事」をしていれば，結果的にも「それなり」以下の成果しか出ないのです（コラム23）。しかも，仕事でうまくいかなければ，当然プライベートの時間でも心は晴れません。

 コラム23　努力は必要？　不要？

　近頃，努力は不要。努力しないほうがうまくいく，というメッセージがあふれており，特に自己啓発本ではその傾向が強いと思います。

　しかし，だまされてはいけません。どの世界のプロでもよいので見てみましょう。人の何倍も何十倍も練習をしていませんか？　超一流に限らず，人より抜きんでるためには，「絶対量」がどうしても必要なのです。

　だから，「努力不要という言葉に惑わされない」こと。

　ただし，大切なのは，嫌々長時間続けるのを「努力」とは言わないということです。肉体的にきつくても，ゴールを目指して一心不乱に取り組んでいる，そのために時間を費やすことが私の言う「努力」です[4]。

　奇跡的に復活した池江璃花子選手の「苦しくてもしんどくても努力は報われるんだなと思いました」との言葉からは，まさに創造的エネルギー発揮機能が全開した証を感じます。結果が伴わないことは常に起きます。しかし，池江選手のように，それを信じる力が大切なのです。「努力は必ず報われる。もし報われない努力があるとしたら，それはまだ努力といえない」（王貞治）。

　快適脳が働いているか，マインドがハッピーならどんどん努力しましょ

4　前掲第4章コラム9・拙著参照。

う。もし，それを「努力」と定義づけないのであれば，努力は不要ですが
……。

では，どうすればよいか？　答えは，仕事とプライベート，仕事と余暇，仕
事と遊びというように，

**　両者を二律背反的に，あるいは二元論で考えないこと**

につきます。具体的にイメージしてみましょう。

- ・仕事に忙殺されている。でも，それが，おもしろくて仕方がない！
- ・朝，7時から9時までゴルフでハーフラウンドをプレーして，そこからシャ
  ワーを浴びて仕事に取り掛かる（場所によっては，サーフィンやダイビング
  でもよい！）（コラム24）。
- ・逆に，16時まで仕事をやって，そこからハーフラウンド回る。ゴルフが好き
  なパートナーがいれば，一緒に行う。
- ・心身ともにリフレッシュする環境で，ある日は1日集中して，別の日は1日
  ぼーっとして暮らす。
- ・職場に犬がいて，犬が新聞を配ったり，癒されたり！
- ・夕方頃，職場で飲み会が始まり，出たり入ったりしながら，仕事を続ける人，
  帰宅する人，そのまま団らんする人とみんなそれぞれが好きな形で飲み会を
  行う……。

🔍 コラム24　　日本より進んでいたサイパン？

　約30年前になりますが，私は，一時期不良債権処理のために，サイパン
によく通っていました。その際，現地の弁護士の仕事のスタイルに驚いた
ことがあります。

　土日は，プライベートの時間に使うため，出張者の私と食事もしない。

でも，平日朝5時に起きて，一緒にダイビングに行き，戻ってきてから朝食を一緒に食べる。そして，その後裁判所に一緒に行く……。このスタイルはとても新鮮でした。しかも，自宅は，朝日の昇るのを目の当たりにできる，海辺に立った一軒家。決して豪華ではありませんでしたが，その生活の充実度に感銘しました。

　サイパンのような，失礼ですがある意味田舎ですら，30年前から，彼らは「ワークライフコンソリデーション」を実践していたのです！

　なお，2017年7月16日付日本経済新聞で，元エルメスジャパン社長の斎藤峰明氏は，「余暇とは余りではなく最も大事な時間」という記事において「会社に捧げがちな仕事も自分の時間としてどう能動的に過ごすか。日常から離れると大切なものが浮かんできます」と述べています。

　どうですか？　どれも，どこまでが仕事でどこまでが余暇（プライベート）なのかは明確に区別できないけれど，イメージしただけでも，両者が「結果的に」うまくいっている感じがしませんか？　しかも楽しそう！　もちろん，常にうまくいくとは限りません。でも，その時は，まさに「レジリエンス」を活用するのです。

　どうやって？　私は，第5章で，ゴールの存在が，レジリエンスカーブの下限にも有効であると述べましたよね？　そうです。ここでもゴールをうまく活用するのです。この点は，次の項目でさらに詳しくお話しします。

　このように，仕事も遊びもごちゃまぜにして考えていく。これが，私のイメージする

「仕事と余暇・プライベートの『融合』または『統合』」名づけて，
「ワークライフコンソリデーション」

なのです。

　陰陽太極図を皆さんはご存じだと思います（【図表10－2】）。

【図表10-2】陰陽太極図

　東洋では，陰と陽は一体で分断できないものであり，両者が一体となって世界を作っていると考えます（コラム25, 26）。

 コラム25　攻防一体

　ものを二元論で考えるか考えないかは，スポーツの世界でも同じです。

　西洋のメジャーなスポーツは，野球やアメフト。常に攻撃と防御が分かれています。そこまで明確ではないサッカーでも，オフェンスとディフェンスでは，基本的に役割が違います。だから，野球でたとえると，バッティングと守備は基本的に別物です。

　ところが，東洋では，攻防が一体なスポーツが少なくありません。相撲や中国拳法，日本の古武術がその例です。

　攻めは同時に守りであり，逆も然りなのです。「攻防一体」。両者は常に1つ。ここに東洋の発想のおもしろさが隠されています。

 コラム26　ホリスティックなアプローチとイメージ

　二元論を超えて統合，融合する東洋的なホリスティックな発想を会社組織に取り入れることがとても大切になってきます。これは，一言でいえば，

> 　問題の解決に対処療法や部分の解決では済まさない。むしろ，全体を一体として捉えつつ，そのなかのまったく違う側面からアプローチしていく。

ということです。

　例えば，先ほどの例を出せば，働き方改革。残業を減らすために，決まった時間がきたら強制的に電気を消したり，「ノー残業デー」を設けたりすることは，実行しやすい方法ではありますが，根本的な解決になっていないのが現状です。

　問題解決へ向けてアプローチするための方向転換。つまり，まったく違う方向からイメージしてアプローチすることによって，物事は意外にうまくいきます。何か不都合が起きたときにその問題だけに注視して，それを取り払うのではなく，会社組織のマネージメントにホリスティックな発想，アプローチを取り入れて，ぜひまったく違った角度からものを見る癖をつけてみてください。

　また，その際に，常にその状況がハッピーさを感じられるかどうかを忘れないこと。これが何よりも重要です。

　そして，このホリスティックなアプローチに親和性がとても高いのが，「イメージ力」なのです。全体から部分を考える場合，全体の世界が大きければ大きいほど，イメージを高めることによって臨場感を高める必要があるからです。

　全体からアプローチするホリスティックな発想とイメージ。両者のつながりをぜひ忘れないでください。

　この「部分を切り離さず一体化して，全体から捉えていくアプローチ」こそが，一見相反するものとうまく付き合っていくヒントになります。その意味で，近頃の「ワーケーション」（コラム27）やコロナ禍で注目されている，東京に集中しない地方での分散型の職場作りは，極めて有効な取組みになりえます。現に，新型コロナウイルス感染流行前からワークライフコンソリデーション的発想を取り入れている企業も世界にはたくさんあります（コラム28）。

コラム27　ワーケーションの実践

　私は，約7，8年前から「ワーケーション」を実行しています。具体的には，ある有名な別荘地の中心地から少し離れたところに安く土地を購入し，そこに山荘を建てて，だいたい月に2回のペースで通っています。

　多くは，土日の仕事に集中する時間として過ごし，その後近くの温泉で「身も心も開放する」のですが，庭掃除や苔の手入れをしたり，ただひたすらぼーっとしていることも少なくありません。芸人のヒロシさんの「1人キャンプ」と基本は同じです。実は私もかなりの「人見知り」で，このような場がないと，「精神の休息」が取れないのです。

　家族がいるのに，頻繁に「1人で」山荘に籠るというのは，ある意味相当「変」か，「怪しい」と思われがちですが，エステー化学の鈴木喬会長が「週末は家族と離れて，長野県にある山小屋に行って，1人遊びで山のなかを歩いています」「できるだけぼんやりするようにしています。そうやって精神的にも肉体的にも回復することで，何か困ったときにエネルギーが出る」とプレジデントオンラインの記事で述べているのを見て，大いに勇気づけられました（「エステー会長が一人山小屋でしていること，ぼんやりするからエネルギーが出る」https://president.jp/articles/-/28280）。

　今は，バブル崩壊の落とし子で，多くのリゾート地でも，探せば格安物件のマンションや一軒家が見つかりやすくなっています（管理費がべらぼうにかかる格安マンションは注意が必要ですが）。セカンドハウスは，何も富裕層だけの特権ではなくなっています。知恵を使えば，ワーケーションは，誰でも可能です。そういう意味で，これを根づかせるきっかけとなった新型コロナには，不謹慎な言い方ではありますが，かなりの「メリット」もあったのです。

コラム28　　最高のイノベーションは休暇中に生まれる

　　例えばNetflixは，休暇規程を撤廃して自主的な休暇取得を推進し，「デスクにかじりついていることなど評価しない。シェリーがハワイのハンモックに寝そべり，週25時間しか働いていないのに，すばらしい成果を挙げていたらどうか。それならなおさら大幅な昇給が必要だ」というポリシーをCEOが持っています。しかも，「Netflix史上最高のイノベーションの多くは，社員の休暇中に生まれた」のです（リード・ヘイスティングス＝エリン・メイヤー『NO RULES』（日本経済新聞出版，2020年）87〜90頁）。この本は他にもエモコンと共通する点がたくさん紹介されているので一読をお勧めします。

　　仕事をしているようで遊んでいる。遊んでいるようで仕事をしている。両者のなかに，それぞれが混じりながらも主従は保たれている。ぜひ，職場でもプライベートでも「ハッピーな状況」をつくり，「ワークライフコンソリデーション」を実行してほしいと思います。その際大切なのは，イメージです。理屈ではなく，ハッピーな状況に至ったイメージからワークライフコンソリデーションを始めてください。そこに快適脳が働けば，きっと自分なりの融合や統合の道が見えてくるはずです。

■ビジネスとプライベートのゴールの重なりを生むワークライフコンソリデーション

　　ワークライフコンソリデーションを行うと，実はさらに別のメリットも生まれてきます。それは，両者を分断しないことから，ゴール設定においても，両者に多くの重なりが生まれるということです。
　　ビジネスとプライベートのゴールが重なる必要はまったくありません。むしろ別でよいのです。ただし，まったく重なりをもたない，両者が別のベクトル

をもっているのもよくありません。何しろ，マネージが難しいからです。自分の目指したい方向と会社の目指したい方向，ミッション，ビジョンは，やはり重なりが必要なのです。そうでないと，何のために働いているかがわからないことになり，結局コンプライアンスはおろか，ビジネスすらおもしろくなくなってしまうからです。

　両者の重なりの範囲は人それぞれで構いません。でも，どこかで重なっている必要があることはぜひ忘れないでください。

　その重なり度合いや意味がわからない人は，まず，ワークライフコンソリデーションから始めてみてください。きっと，自分なりの重なりが見出せると思います。

■ワークライフコンソリデーションを支える時間断捨離

　ワークライフバランスとワークライフコンソリデーションの違いは理解いただけたのではないかと思います。

　ただし，共通点もあります。それは，

　仕事の時間を極力減らさず，かつ余暇やプライベートの時間も今までどおり，むしろ，今まで以上に充実させるための時間断捨離を行うこと

です。

　まず，通勤時間は極力減らします。有効に時間が使え，ストレスフリーな通勤環境（座れる，混んでいない）がない限り，通勤時間はほとんど無駄と言っても過言ではありません。単に朝からストレスを抱えるだけですから。

　今回のコロナ禍による在宅勤務で，みなさん改めてこの点に気づいたでしょう。コロナ禍のテレワークは，願ってもない時間断捨離のチャンスなのです。

　でも，テレワークでは部下が管理できない？　違います。むしろ管理しなければよいのです。見ていなければさぼるなら，どうせ見ていてもどこかで手を抜きます。そうではなく，むしろ管理しなくても，内発的動機に基づいて，仕事に取り組むマインドを醸成し，環境を作っていけばよいのです。

　休日はいつも寝て過ごす……余暇やプライベートの時間が大切なら，そんなことをしている「暇」はありません（ただし睡眠時間は削らない）。もちろん，あえてぼーっと過ごすのは何の問題もないばかりか，むしろ精神の充実として必要です。

　しかし，みなさんご存じのように，寝だめでは睡眠負債を解決できないどころか，生活リズムが狂って，かえってウィークデイにも悪影響を及ぼし，さらに長期的には健康を阻害することも医学的に証明されています。ここに，精神の充実と活力を取り戻すために，自然のなかでぼーっと過ごすのと，単に「寝て過ごす」との大きな違いがあるのです。

　プライベートの充実した時間でリフレッシュできた脳は活性化し，仕事にも生きてきます。むしろ，働く時間を短縮しても，密度の濃い，効率的な仕事ができるようになってくるのです。

　また，長時間の会議のほとんどが無駄です。せいぜい集中できるのは2時間程度です。それ以上の会議は，よほどの例外を除いて基本的にやらないようにしましょう。そのかわり，仕事中の休憩と「称する」無駄な時間を極力まで削ぎ落としていきます。

　これは，プライベートでも同じです。だらだらとテレビを見ない，SNSにかける時間は最小限でよい。無駄な接待，会食はやらない，受けない。意味のない，キャバクラも銀座のクラブもすべて無駄（と私は思う）。こうやっていくと，余暇やプライベートの時間が多く生まれ，充実していくことがよりイメージできるでしょう。

　組織体制の工夫もまた必要です。これは，とにかく規則をやたら増やさないことに尽きます。不祥事が減らないからといって，規則を細かくしたり，飲み会や二次会を禁止したりすることは，コンプライアンスにおける二元論的な対症療法のようなものです。この点においては，断捨離というより，プライベートを充実させることで解決しましょう。つまり，余暇やプライベートの時間を割いてまで参加する楽しい飲み会だけをやればよいのです。そうすると，プライベートの充実と重なってきます。会社の飲み会でしか，鬱憤をはらすことができないから，飲み会でのパワハラやセクハラがなくならないのです。逆に出席したいと思わせない職場の飲み会は，やめてしまう。一切参加しなければよ

いのです。規則で禁止するより,「楽しいから行きたい」飲み会だけをやればいいし,また参加すればよいのです。

　イメージしたワークライフコンソリデーションを実現するためにも,ぜひ,時間断捨離を活用してみてください。

■「全体」から「部分」にアプローチする発想はイメージ力が必要

　イメージトレーニングをするにあたっては,理屈より身体で覚える感覚が重要ですが,理屈を知っておくとさらに身体への染み込み方も早くなる(イメージもうまく描きやすくなる)ので,ここでは,やや理屈に戻って,先ほど少し述べました「部分と全体」というイメージを支える考え方についてお話ししておきます。

　個々の余暇やプライベートの時間が充実すれば,結果的に仕事も充実すると述べましたが,これは同じく組織にも当てはまります。みなさんが仕事をするうえで所属する組織というものは,部署や人材などさまざまな要素によって構成され,それらの複雑なバランスによって成り立っています。この組織を,同じく複雑な要素から成り立つ人体に置き換えると,組織の問題解決にはどんなアプローチがあるか,より想像しやすいと思います。

　まず,身体のどこかの具合が悪くなったとき,私たちはその症状を解決すべく,西洋医学の治療を受けようとするのが一般的なアプローチだと思います。私たちに馴染みのある西洋医学は概して,要素還元論や物心二元論をベースとしたアプローチをとっています。つまり,不都合な問題が起きれば,その原因を突き止め,その問題にピンポイントで対処,もしくは問題の部分を取り替えることで治す(正す)という方法です。病気にたとえれば,喉が痛ければ喉の薬,胃痛には胃薬を投与するといった具合で,薬が効かない症状には,外科手術で悪い部分を除去します。ときには,心臓や腎臓という臓器を交換(移植)することもあります。いわば人体も,車や時計といった機械の修理と同じように,壊れた部品を取り替えれば問題は解決するという発想です。この西洋医学的アプローチは,多くの場合,有効で即効性もあります。

　しかし，私たち人間の身体はそれほど単純なものではないことは誰でも理解しているところです。

　不調が起きるには，そうなるだけの原因があります。例えば，その人のクセや習慣，精神的なストレスなどが誘因になっていることが往々にしてあり，その「根本」から解決しなければ，また同じ症状を繰り返してしまい，別の不調という症状で表れることもあります。これでは，延々に治療を受け続けることになりかねません。

　本書のテーマでいうと，「無意識」（マインド）を変えない限り，根本原因は治らないということです。別の言葉にすれば，病気は，「無意識」が顕在化しているものということです。その際に，胃薬やうつ病に効く薬を飲んでも，当然快復しないのです。

　組織もまた，人体と同じです。例えば，ビジネスパーソンのみなさんは，アメリカの巨大な多国籍企業，ゼネラル・エレクトリック（GE）の最高経営責任者がジャック・ウェルチ氏だった時代を覚えているでしょうか？　業績を徹底して数値化し，下位20％を常に切っていくという経営手法で成功し，ウェルチ氏は非常に有能な経営者として賞賛されました。

　しかし今，GEはどうなっているでしょうか。長らく業績不振にあえぎ，部門の売却を続けていますが，衰退路線からなかなか脱することができていません。近頃になって，風土の変革の結果，ようやく株価が戻りつつありましたが，コロナ禍で，株価はさらに低迷し，今もその状況で苦しんでいます。

　少なくとも，過去の「問題の部分のみを切り捨てる」という経営スタイルは，組織に大きなダメージを与えたということができるし，少なくともVUCAのように変化の激しい，予測不可能な世界では「もう通用しない」のです。

　この西洋的な発想法と対照的なのが，古くから東洋に根づいたホリスティックな発想やアプローチです。「部分ではなく全体」から問題を捉え，症状や問題を解決していく。そのうえで，全体から考えつつ，部分へと還元していくのです。人体に話を戻せば，身体の具合が悪くなったときには，その症状の誘因となっている部分ではなく，その部分とは異なる場所のツボを指や鍼で刺激し，また，気血をめぐらすといった方法で全体を整えようとするもので，西洋医学の方向性とは，まったく異なる発想です。

　会社組織は機械ではありません。むしろ，人体と同じく有機的な生きものだと私は考えています。だからこそ，仕事の効率が落ちている，残業時間がやたらと長い，無駄な会議が多すぎる，パワハラ，セクハラが絶えない，ブレークスルーが生じない等々，仕事が抱える多くの問題点を解決するには，組織図を作り変えることや，強制的に残業を減らす，人員整理を行うなどの対処療法のみで立ち向かうのではなく，むしろ，一見関係なさそうな側面からアプローチするほうが，かえってうまくいくばかりか，結果として全体のバランスも回復できる可能性が高いのです。その典型的な取組みが，先ほど述べた，休み方改革であり，ワークライフコンソリデーションなのです。効率が悪いなら，仕事が忙しすぎるなら，むしろ休んじゃえ！　ということです。

　現在は医療の世界においても「統合医療」といって，東洋と西洋の融合を図った医療が重要視されつつありますが，組織論や法律は，まだまだ西洋の二元論が中心です。もちろん，東洋的な発想を取り入れている会社もあり，例えば，『ティール組織』（英治出版，2018年）に出てくる会社は，ほぼすべてがそうでしょうが，全体としては，まだまだ少数です。少なくとも，コンプライアンスの世界で「東洋的な発想」を口にする人は，ほとんど見たことがありません。

　本当は部分から全体を見るアプローチとも融合していく必要があるのですが，これはみなさん得意なことなので，あえてここでは触れません。まずは，全体からアプローチする発想を取り入れる重要性を，ぜひ理解してみてください。

第11章

イメージトレーニング
―エモコン的ゴール設定編

■ハッピーな状態を長続きさせるゴールの設定

　ハッピーな状態のイメージがいかに大切かはわかってきたと思います。

　では,「ハッピーな状態を作るだけではなく,長続きさせるには,どうすればいいでしょうか」。今度は,この点に焦点を当てていきましょう。

　ハッピーな状態を長続きさせるその有効な方法は,第4章で述べました「強烈なゴールを設定する」ことにあります。説明に入る前に,まず質問をしてみましょう。

　あなたのゴールは何でしょうか?　10秒ほど目を閉じ,深呼吸をして,考えてみてください。そして,書き出しましょう。ビジネスでもプライベートでも,どちらのゴールでも構いません。コンプライアンスに関係があるかどうかなども無視してください。難しい理屈は抜き。自分の考えたことがつまらない,恥ずかしい,などと思う必要もありません。

　ゴールを思い浮かべた後に読んでいただきたいのですが,参考までに過去のあるコンプライアンス研修のなかで挙がった例をいくつかご紹介します。

・自分の仕事として,子どもに誇れる作品(建築物)を残す。

・駅前の活性化を通じて,地域に貢献したい。

> ・子どもが笑顔でいられる世界を創る。
> ・仕事で与えられた目標を年度内に達成する。
> ・ゴルフでシングルプレーヤーになる。
> ・プライベートで別荘を購入する。

　仕事上の短期的な目標や，人生をとおしてのゴールなど，さまざまなものがあります。ゴールの定義を設定せずに質問を投げかけていますので，正解もありません。あれこれ考えず，また，良し悪しという価値観も除いて，まずは感覚的に思いつくことをありのままに発表することが，とても大切です。

　イメージトレーニングは，感覚をとても重視します。具体的にはイメージしたものがビビッドに感じられれば感じられるほど，臨場感が増す，

　Ｉ（イメージ）×Ｖ（ビビッドネス）＝Ｒ（リアリティ（臨場感））

という，故ルー・タイス氏が編み出した法則が成り立つ世界なのです。

■ゴールを４つの段階に仕分けする

　では，次のステップに進みましょう。実はゴールには，いくつかの段階があります。思い浮かべたゴールを①大ゴール　②それを支えるパーパスやビジョン，ミッション　③中ゴール　④小ゴール（ターゲット）の４つのステージに仕分けて考えてみると，よりわかりやすいでしょう。

　「人生の成功を手にするには，目標を達成した場面をイメージする「ゴールの視覚化（outcome-oriented visualization）」よりも，目標までのルートを正しくとらえる「プロセスの視覚化」のほうが，ずっと重要」という指摘があります[1]。

　私自身は，後者が前者よりも「ずっと重要」というより，両者は「不即不離」という考えですが，ゴールに至るまでの「プロセスの視覚化」が重要だと

1　イ・ミンギュ『「先延ばし」にしない技術』（サンマーク出版，2012年）28頁参照。

いうことは，まさにそのとおりと理解しています。したがって，大ゴールと中・小ゴールのそれぞれの優先順位を仕分けし，さらに，大ゴールは未来（最終目的）から今へ（未来から考えて今何ができるか），また，小ゴールや中ゴールの一部は今から未来へ（今から考えてこの先何をすべきか）の時間軸の流れを融合させながら仕分けすることが大切です。

① 大ゴール

抽象的で具体性に欠けるゴールですが，まだ今は着手していないことや新しい取組みによって，その人の人生，企業のあり方を良くしていく指針になるものです。

このゴールの特徴は，現状をはるかに超えた壮大なものであることが重要です。達成できるかどうかはどうでもよいのです。むしろ，それを考えただけで楽しくなるような，わくわくするように，ノルアドレナリンがドバっと出るようなそんなものがよいのです。これには，生きる目的，存在意義，ミッションも深く関わってきます。この大ゴールのイメージが「ビジョン」になります。

例：子どもが笑顔でいる世界になっている。

② ミッション

使命と言い換えることもできるゴールです。そのことを達成するなかで，自分の存在意義を掘り下げることができます。

例：自分は，次世代に誇れるものを残すための（建築士）仕事師なのだから，そんな建築物を残す！

③ 中ゴール

大ゴールを達成するために必要な具体的な目標です。現状から離れすぎた大きな目標だけでは具体性が乏しいので，どうしても臨場感が湧きづらいということが起きます。だから，大ゴールを達成するための中間点は，ないよりはあったほうが，より大ゴールの臨場感が高まります。

例：子どもが笑顔でいる世界をつくるために，XXを達成する。

　　XXを達成するためにゴルフでシングルプレーヤーになる。

　　2年後に別荘を購入する。

④　小ゴール（ターゲット）

　目に見える具体的な短期目標です。例えば，ビジネスにおける月次目標，年次目標等のKPIもこのカテゴリーに分類されます。

例：仕事で与えられた目標を，年度内に達成する。

　　今月の課題をクリアする。

■ミッションツリー

　この4つのゴールの作成は，別の言葉では，「ゴールのミッションツリー」の作成ということもできます。ここでいう「ミッション」は，「使命」やゴールを達成する「根拠」のようなものというよりは，むしろ，「ゴールを達成するためにすべきこと」と考えたほうがよりわかりやすいと思います。

　その際には，【図表11-1】のような流れで設定していくのがよりわかりやすいでしょう。具体的には，時間軸（将来において達成する大ゴール，中ゴール，小ゴールや短期の目標から今に遡ってやるべきこと）や優先順位はもちろんのこと，「自分がやるべきこと」，「組織がやるべきこと」「自分と組織がともにやるべきこと」も整理しながら，ミッションツリーを作っていくことが重要です。そうでないと，どうしても，「まず他人がやるべき」という発想から抜け出せず，常に「誰かが自分を変えてくれる」という意識を変えにくいからです。

【図表11－1】ミッションツリー

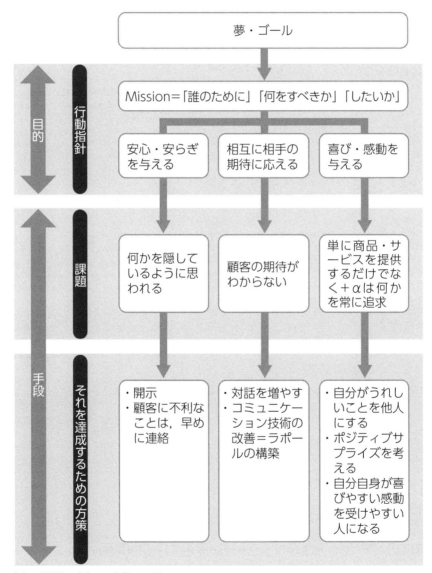

出典：前掲第7章注2・拙著・217頁

　この３つを同時に考えていくと，【図表11－２】のように，自分がやるべきこと，組織と自分がやるべきことの重なりも意識しやすくなり，当事者意識やオーナーシップを喚起しやすくなるというメリットが生まれてきます。

【図表11－２】イメージの共有

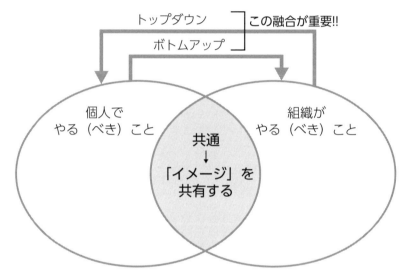

イメージの共有のためには
① 　ゴールの共有（組織のゴールを共有＋個人のゴールと
　　組織のゴールの重なりが重要）
② 　ラポールの存在
③ 　非言語を使ったコミュニケーション
　　・ハッピーな状況にあること
　　・「認識」してあげること（第７章参照）
　　・セルフエスティームを高めること

■コンプライアンスとゴール設定の相関関係

　４つのゴールはそれぞれに大切です。小ゴールだけでは，下手をすると，何のためにやっているかを忘れて，ただ目先の目標だけを達成する状況に没入し

かねません。一方で大ゴールやミッションといった抽象的なゴールだけでは，持続力に難が生じる場合がありますし，ややもすると，地に足がついていない「頭でっかちの空想家」に終わってしまう危険があります。しかし，

　　ハッピーな状態を長続きさせるという観点で欠かせないのは，やはり抽象度の高いゴール，大ゴールとミッション

です。その理由を一般論ではなく，エモコンを通じてより詳しく述べます。

　みなさんは，大学のアメリカンフットボールの試合での不正タックル事件を覚えているでしょうか？　ルール違反とわかっていながら，不必要なタックルで相手チームの選手を負傷させてしまった一件です。実はこの一連の出来事は，コンプライアンスとゴールの関係性をよく表しています。

　事件後，不正タックルを行った学生は1人で記者会見に臨み，真摯な態度で反省を述べました。その受け答えから，彼が好青年であることが伝わってきました。一方で，指示を出したとされる指導者や大学側の対応は曖昧なもので，最終的には刑事事件としては不起訴になったものの，世間の評価を一気に落としたことは記憶に新しいと思います。

　立派な好青年ですら，組織のなかで追い込まれると不祥事を犯してしまう。つまり，この事件は，決して特殊な事例ではなく，多くの人の身にも起こり得るものだったのです。

　具体的に，当事者のマインドの変化を考えてみましょう。記者会見その他の情報によると，学生は，高校時代，アメフトに目覚め，その頃はとても楽しく，「日本代表になり，世界に出る。そして，アメリカでプロの選手として活躍する」という大きなゴールがあったようです。当然，不正など考えたこともありません。将来の夢を考え，脳が快適に働いている状態では，不正を犯すことを人は不快に感じるからです。

　ところが，伝統ある強豪チームに入ってからは，厳しく理不尽なことが多く，大好きだったアメフトをどんどん嫌いになったそうです。やがて，世界を舞台に活躍するという大きなゴールは薄れ，目前の試合に出ること「だけ」が目標になり，そのために監督に気に入られなければならないと，日々追い詰められ

ていきます。そのためには，手段を選んでいられないという心理状態になり，「やるしかない」と不正タックルを行ってしまったわけです。

　試合に出るという具体的な小ゴールを得たものの，大きなゴールを失ったことで志が落ち，不正を不正と判断できない状況にまで陥ってしまったのです。

　この心理状態をビジネスに置き換えてみましょう。一番身近なゴールであるターゲット「しかない」状態をイメージしてみてください。

　KPIやノルマといった目標は，常に達成できるとは限りません。与えられた目標，決められた予算を毎回簡単に達成できる人はそうはいないものです。自社の製品，サービスに問題がある，他者のそれらが優れている，期ズレ，景気動向，天候等さまざまな内部的，外部的要因が重なって，目標未達状態が続くことも間々あります。そのようなとき，赤字はこれ以上出せない，ライバル社との差がますます広がっている，株価もどんどん下がっている，この目標を達成しないと銀行からの融資に支障が出る，ボーナスが減る，降格される等，これまた多くのプレッシャーが重なります。

　すると何が起きるでしょうか？　そうです，当初聞こえなかった「悪魔の囁き」がどんどんと頭をめぐるようになるのです。「少しごまかして次回取り戻そう」，「このくらいのことはみんなやっているから，バレなきゃ大丈夫だ」という誘惑から始まって，「そもそも業績が悪いのは，上司（社長）がバカだからだ」と責任転嫁に広がり，最終的に不正に手を染めてしまうのです。そうでなくても，純粋な成果のみが報酬の指標となっていれば，容赦なく自分の成績が顕わになり，常に「それをよく見せたい」という誘惑が生じます。

　具体的な「目先」のゴール「しか」設定されていない場合，その達成ができないときには逃げ場がなくなりがちです。「誰も見ていないし，迷惑をかけない程度ならいい」「みんなやっている」と，その場しのぎのごまかしを行う誘惑にどうしても負けることが多くなってしまうのです。

　この不正の誘惑を振り払うのが，実は，より高次のゴールなのです。多くの場合，人は深く考えずに「エイヤー」と一線を越えます。しかし，誘惑が生じたときに大ゴールがあれば，

　「ちょっと待て，私は何を目指して今いるのだ？」

「これを誤魔化すとどうなる？」

「それで自分が目指した大きなゴールは本当に達成できるのか？」

「そんな誇らしい自分が，こんなことしてどうする？」

「それでもやるか？　いや違うだろう……」

「小手先のごまかしでクリアしても，大ゴールにはたどり着かない」

と，少なくとも自問自答する機会や，自分のなかで一呼吸置ける機会が生じ，結果的に悪魔の囁きや誘惑にすぐ飛びつかない「耐性」が生まれるのです。しかも大ゴールは，プレッシャーで潰れるものではありません。むしろ，考えただけで楽しいものだからです。

　このように，大ゴール，身近な目先のゴールより高次なゴールがあれば，私たちは自らのコントロールが効きやすくなります。

　また，第5章で述べた競泳の池江選手のように，何らかの理由で危機が生じ，現状が悪化しても，復元する力が身につくのです。つまり，

レジリエンスカーブの下限はゴールが支える

わけです（【図表11−3】）（コラム29）。

【図表11−3】レジリエンスカーブとゴール＝「不祥事を起こさせない」から「起きてもより成長できる体制」へ

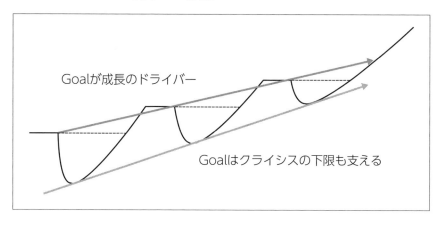

コラム29　大ゴールが見つからない？

　そういう人は，実は，少なくありません。それを支えるのが，実はコーチなのです。

　「米国では著名経営者も『コーチ』を頼りにする」という記事が2020年9月19日付日本経済新聞で紹介されていました。故スティーブ・ジョブズやグーグルのエリック・シュミットが頼ったコーチの書いた『一兆ドルコーチ』の本が紹介されています。私も，コーチの元祖の1人と言われている，故ルー・タイス氏からコーチの手ほどきを最初に受けました。

　コーチの目的は，「エフィカシーを上げること，コーチを受ける人の価値観の是非にはかかわらず，その人のゴールを見つける手助けをすること」と言われています[2]。

　ゴールが見つからない人のためにも，ますますコーチの必要性が日本で高まっています。

■ゴールをイメージトレーニングで強化する

　ゴールをもつことは重要ですが，1つ大きな問題は，

大ゴールになればなるほど，現実感，臨場感が乏しくなる

点にあります。あまりに大きなゴールだと現実離れしていて，達成できるかどうかもわからない場合が少なくないからです。

　また，中ゴールもそのような危険があります。うっかりすると絵に描いた餅，ただの「願望」で終わってしまいがちです。

　「自分の仕事として誇れるものを残す」「社会に貢献して利益を得る」「子ど

2　前掲第4章注6・苫米地英人

もが笑顔でいられる社会を」といった大ゴールは素晴らしいものですが，今いる状況から遠ければ遠いほど，実現することも困難になりがちです。

　なぜなら，私たちは，常に臨場感の強い世界に引き戻されるからです。

　どれだけゴールが大きくても，現実の臨場感のほうがより強ければ，現実の世界，せいぜい小ゴールに引き戻され，それで精一杯。気づいたら，現状維持のほうが楽……。

ということになりかねません。そこで求められるのが，

　ゴールをイメージで強化すること

です。つまり，イメージトレーニングでゴールを強化するのです。ポイントは，抽象的なゴールをどれだけ具体的に臨場感をもってイメージできるか？　そして，イメージするときに，達成したときの高揚感，満足感，ハッピーという情動に紐づけられるか？　です。

　ここで，先にみなさんが書き記したゴールを振り返ってみましょう。ビジネスの大ゴールを書いていた人は，さらに具体的なミッション，中ゴール，小ゴール（ターゲット）を考えてください。逆に具体的な小ゴール（ターゲット）を書いていた人は，もう1つ上の中ゴール，ミッション，そして大ゴールを考えてみましょう。

　プライベートのゴールについても同じように行います。達成に必要なのは，4つの段階のゴールすべてを設定し，特に大ゴールのイメージを強くすることです。

■「現在完了進行形」のイメージ

　ゴールを現実にするテクニックをわかりやすく説明するために，トップアスリートを題材にお話を紹介します。

　世界一速いランナー，ジャマイカのウサイン・ボルト選手の場合です。北京，

ロンドン，リオデジャネイロと，オリンピックで3大会連続で金メダルを獲得し，世界新記録を何度も更新した元トップアスリートです。実際にどういうゴールを設定していたかはわかりませんが，以下のようなストーリー（あくまでストーリーですが……）が思い描ければ，より具体的にイメージできるのではないかと思います。

「オリンピックで必ず優勝する」というゴールは，思うだけならどんなアスリートでも設定できます。しかし，実現するのは難しいものです。4年に1度の開催ですから，次の大会まで自分の体調がどうかも定かではなく，病気やケガをするかもしれないという恐怖も常にあることでしょう。この恐怖やプレッシャーに負けて，試合前になると，決まったように体調が悪くなるような選手も現実にはいるのです。

そんな熾烈な世界でボルト選手が行ったことが，イメージトレーニングだと想像してみてください。具体的には，「4年後に金メダルを取りたい」といった，単なる願望ではなく，

「今日は決勝戦だ。自分はトラックを走り世界記録を出し，1位になった。スタジアムの8万人の観衆のなかで，ジャマイカの国旗を翻してウィニングランをしている」

といった，具体的かつリアルなイメージを思い浮かべるイメージトレーニングの姿を想像するのです。つまり，「自分はもう，世界でナンバーワンだ！」というイメージを，トレーニングのなかでも強く，強く保っていたとしたらどうでしょうか？　その達成する先にある未来から，「今日」取り組むべき課題（小ゴール）をこなしていくのと，嫌々筋トレに励んでいる選手とは，その吸収力も達成感もまったく異なるものになるはずです。

ここで重要なポイントは，ゴールの設定が

未来形ではなく現在完了進行形になっている

ことです。

　人間の記憶とは不思議なもので，すでに起きていることとして同じイメージを繰り返し反芻するうちに，そのイメージが明確になり，自らの心身のなかに当たり前のこととして定着（記憶化）していきます。ここでは，メダルを獲得したときの様子を，とてつもない高揚感を覚えながら，鳥肌が立つくらいの感覚でリアリティをもってイメージする。これが「強烈なゴールを設定する」ことの意味なのです。そして，これが単なる願望との違いでもあるのです。

　願望は，いつまでたっても未来が「未来形」のままなので，臨場感が感じられません。だから，ちょっとした困難にぶつかると，

　まあ，どうせ無理だし，いいか……

と現状維持機能の「言い訳」が働いて，楽な元の領域に脳も心も体も戻ってしまうのです。

■ビビッドにイメージする

　この「現在完了進行形でイメージする」ことを，さらにうまく行うためには，ビビッドに臨場感を感じられるよう「イメージを具体化」することです。
　例えば，「誇らしい仕事ができた！」と現在完了進行形で思い浮かべるなら，その際には，

　「時は春。桜が満開。祝賀パーティが開かれていて，周囲の人たちが『すごいですね』と口々に賞賛してくれている。家族も誇らしげにそばにいる」

といった具体的なシーンを，さらに情動を利用して付加してみてください。ある種の妄想ではありますが，それでいいのです。コストはゼロです。思い切って妄想してください。考えただけでワクワクする，嬉しさで鳥肌が立つくらいの感覚がもてるまで！

■イメージの現実化：具体的な「未来記憶」を作る

イメージトレーニングのさらに重要なポイントは，設定したゴール時という未来の記憶を先取りするということです。未来の記憶を先取ったイメージトレーニングは，

「未来記憶を作る」「フューチャーメモリーを変える」

と言われるものです。

つまり，未来を先取りして，その時点でのイメージをも変えることによって，本当に未来時の無意識，つまり記憶が書き換えられて，**未来時点での行動も変わる**ということです。「成功した」「うまくいった」という記憶の先取り方法によって，未来でも「成功する」「うまくいった」ということが「実際」に起きるのです[3]。

ボルト選手をお借りしたストーリーを先に紹介しましたが，もっと卑近な例で見てみると，どのスポーツ選手においても，将来の金メダル獲得や記録更新のイメージトレーニングを毎日続けていたら，本番で緊張したり，あがることもなかったことがすでに実証されています。逆に言えば，

スポーツの勝敗（未来）は「試合の前」にすでに決まっているのです。

メダルに手が届かない人，トップ争いに入れない人の中には，大体2週間ほど前から体調が悪くなる人がいるそうです。それは，「今回は調子が悪いから」という言い訳をしたい気持ちが，潜在的に働いた結果なのです。この話は，私がパーソナルトレーニングをお願いしているサンボの元世界選手権優勝者である有限会社ファットオフ代表取締役・体脂肪トレーナーの佐々木豊氏から聞きましたが，まさしく，別の未来（負ける未来）がすでにイメージされてしまっ

3　池田貴将『未来記憶』(サンマーク出版，2011年)。

ているのです。

　一方，試合に勝つ選手，結果を出す選手は，日々のイメージトレーニングの強化で，試合当日が近づくほど楽しくて仕方がないということが起こります。ヒーローインタビューでよく「すごく楽しかったです」と答えるトップアスリートがいますが，あれは本心だと思います。

　本番が待ち遠しいか，1日でも先に延びてほしいか。このメンタルの違いが，決定的な差を生んでいるのです。

　オリンピックや世界選手権で戦うレベルにもなれば，日々の練習メニューもハードなものです。生半可な選手なら，「今日もまたこんなに辛い練習をするのか」と義務感のみでトレーニングをするかもしれません。しかし，後ろ向きな心理状態では練習の効果は期待できず，実力も上がりません。

　でも，これがトップ選手ともなれば，イメージトレーニングを活用して，未来を先取りしたうえで，勝利に向かって日々やるべきことに向かいます。だからこそ，効果も上がりやすい。1日，10日，1か月，1年……と続ければどんどん実力がつき，並みの選手とは圧倒的な差がついていくのです。しかも，肉体的には厳しいですが，メンタル的には「ハッピーな状況」にどんどんとなっていきます。だから，優勝時には，先ほどの「すごく楽しかった！」というコメントが生まれてくるわけです。

■「未来を変える」ことは「今を変えること」でもある

　イメージトレーニングでゴールを描くことによって，未来記憶が変わる，ということは，

　「今を変えること」

でもあるということが，さらに重要です。

　これを具体的な図で示してみましょう（【図表11−4】）。

168

【図表11-4】ゴールの存在は「今」を変える

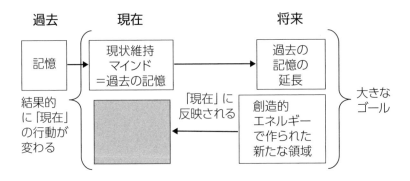

　第2章でも述べたように，私たちの行動を司る無意識は，情動記憶からできています。そして，現状維持が続く限り，今は過去の記憶そのものからできており，今の延長線上の未来も，現状維持の世界では，やはり過去の記憶の延長線上にあるわけです。したがって，この世界ではどこまで行っても過去の記憶がほぼすべてなのです。

　しかし，創造的エネルギー発揮機能を働かせて，ゴール，特に大ゴールを描くようになると，まさに創造性が発揮されて，また，イメージの力によって，大きく未来が変わります。さらに，未来が変わると，それを先取りした「今」も変わります。なぜなら，変わった未来に合わせるように，今が変わらざるをえないからです。

　私たちは，異なった2つのあり方を同時に保つことはできないと言われています。これは，ゲシュタルトの作用，認知的不協和というような呼び方で認知科学や心理学では表現されますが，イメージトレーニングによって新しいゴール，ゲシュタルトができてしまうと，今のゲシュタルトのままではいられなくなり，新しいほうに，自然と「今」も引き寄せられていくということです。

　別の視点にすると，今が変わらないような臨場感が低いゴール設定（イメージトレーニング）では大ゴール足りえないということです。

　このように，イメージトレーニングは「今の行動を変えること」に，大きな意味があることをぜひ覚えておいてください（コラム30）。そして，ここが単に望むだけで今も変わらず終わってしまう「願望」とは大きく異なるのです。

■ゴールを設定して「何を学んだか？」

　もう1つ重要なのは，ゴールの達成もさることながら，それによって「何が変わったか」「何を学んだか」です。うまくいけば良し，うまくいかない（不祥事が起きてしまった）場合は，どこに問題があるかを考え，次の行動につなげていくことが大切です（＝レジリエンス）。それを達成基準（結果）だけで判断してしまうと，つまずいた箇所を乗り越える方法に配慮が至らず，また同じ失敗を繰り返すことになりかねません。

　エモコンとの関係でいえば，ゴールを達成するための試行錯誤，すなわち，胸を張って利益を上げるためにぶつかる壁にどう対処するかというプロセスそのものが大切なのです。そのため，仮にコンプライアンス・マニュアルを作成するならば，（私は基本的にマニュアル作成に否定的ですが，仮にそれがやむをえないとしてマニュアルを活かすとすれば）「してはいけないこと」および「その理由」だけではなく，ある問題にぶち当たったときに，どう考え，何を失敗し，最終的にどう切り抜けたかという，「思考と行動プロセス」の体験談を書き加えることを，ぜひお勧めしたいと思います。

コラム30　　ゴールの達成度を測る

　イメージトレーニングをしやすくするコツの1つが，設定したゴールの達成度をパーセンテージで考えることです。20％達成？　50％達成？　なかには100％に近いものもあると思いますが，あくまで感覚的な数字で構いません。達成できたことを思い返すのでもいいでしょう。

　どこまで達成できたかを把握することは，「達成した」という感覚を強化し，より未来の記憶を先取りしたイメージをもちやすくします。達成した実感を伴ったイメージを定着させることができれば，さらに今が変わりやすくなるのです。

　正確にいうと，達成度が高い感覚をもてた段階で，すでに「今も」変

わっているということです。そして，例えば「社会に貢献して利益を得ている会社にする」といった大きなゴールも，より臨場感が湧いて実現に近づきます。

「私はすごい！　よくやった！　周囲のみんなも生き生きと働いている。会社の制度も充実し，その状態が継続している。私はそのなかのトップにいる」

そんなふうに，ビジネスにもコンプライアンスにもイメージトレーニングを応用してみてください！

■イメージトレーニングの検証は「書くこと」「身体を使うこと」によって強まる

では，みなさんの未来記憶を具体的に作る作業を実際にやってみましょう。

先ほど書いたゴールのなかから，具体的に想像しやすいものを選び，未来記憶を書き出してみてください。

まずは「駅前の活性化を通じて，地域に貢献したい」という大ゴールを例にします。駅前の活性化を遂行し，地域に貢献したら，何が起きるでしょうか。そのイメージを具体的に膨らませていきます。例えば，こんなふうに……。

駅前に活気が出て，住民に感謝され，評判を聞きつけた人が遠方から足を運んでくれるようになり，テレビのニュースにも取り上げられ，この街が広く話題になっている。子どもと街を歩いていると，みんなに「ありがとう！」と声をかけられる。貢献した自分はすごい！　最高だ！

いかがでしょう。未来を先取りして書くというプロセス，楽しくないでしょうか？　膨らませたイメージどおりの状況を作っていくことは，さらにもっとワクワクするはずです。

この「書く」という行為は非常に大切です。脳の働きを右脳と左脳に分けるのはすでに古いアプローチのようですが，あえてわかりやすく両者の機能の違

いで語るとすれば，イメージは右脳が司る世界であり，論理の世界は左脳だと
されています。その両方を使うわけです。

**「こうしたい」とイメージ「だけ」で未来記憶を作っていると，それは高い
確率で失敗に終わります。臨場感が具体化しないからです。**

特にイメージトレーニングに慣れていない場合は，なおさらです。

　しかし，具体的に書くことによって，実現すべきゴールの方向性や，優先順
位が整理され始め，何をすべきかもより具体的に見えてきます。イメージの膨
らませ方は妄想でいいと言いました。しかし，論理的思考も忘れてはいけませ
ん。今の現実からはまだ隔たりの大きなゴールだとしても，ロジカルに考え，
段階を踏みながら膨らませたイメージを書き出すことで，頭のなかがより整理
しやすくなります。

　また，ロジカルに考えることによって，結果的にゴールの達成に至るまでの
どこに現在の自分がいるかも明確になってきます。そうすれば，次に何をやる
べきか，どこへ進めばよいかも把握できていくのです。

　ゴールを単なる願望で終わらせないためには，とにかく「書く」ことです。

身体を使ってゴールを描き出す

という作業が大切なのです。それも現在完了進行形で書きます。達成したとき
の日時，周囲の様子，天候など，自分の感情，周りの感情……そういうことま
で手に取るようにイメージして書いてみてください。ぜひ，身体全体でゴール
を，そして，誇りある自分を「味わってください」。

　また，「身体を使ってゴールを描き出す」ことをより具現化するためには，
身体「全体」を使うことです。例えば，世界的なプレゼンテーションのイベン
ト「テッド」でも人気があるハーバード・ビジネス・スクールの心理学者エイ
ミー・カディのいう「パワーポーズ」[4]が典型例ですが，ハッピーな状況を身体

4　エイミー・カディ『＜パワーポーズ＞が最高の自分を創る』（早川書房，2016年）。

全体を使って感じたり，表現したりする（笑ったり，胸を張ったり，ガッツポーズをとったりするなど）ほうが，より，臨場感が湧きます。その際，第14章で紹介する「アンカーとトリガー」をうまく使うと，さらにその臨場感は長続きします。

■ゴール設定を「共有する」ことの重要性

　もう1つ，イメージの膨らませ方の良い例を「子どもが笑顔でいられる世界を作る」という大ゴールから考えてみましょう。

　"子どもが笑顔でいられる世界"というのは極めて抽象的な概念ですが，それを達成したときのイメージをしてみましょう。例えば，次のように……。

　職場の同僚や関係者のみんなが笑顔で，互いの肩を抱き合って喜んでいる。それを見ている自分も，とても嬉しい。そこに，子どもも参加していて，笑顔が輝いていて，自分も子どもも誇らしい。ここまでやってきて本当に良かった！

　実はこのイメージは，コンプライアンス研修においてある金融機関の女性支店長が実際に述べたものです。性差で分けることはよくないかもしれませんが，過去の研修の経験則から言えるのは，女性は概してこうしたイメージ作りが上手です。また，エモコンへの共感も女性のほうが男性より多いという傾向にあります。

　私も含め男性，特に日本の社会では「こんな妄想の話は恥ずかしい」と照れる場合が多いように感じます。しかし，繰り返しますが，妄想でいいのです。誰かに迷惑をかけたり，損害を与えたりするものではないのですから，ためらわずにイメージを膨らませてみてください。

　そして，この女性が膨らませたイメージのなかには，とても重要なポイントがあります。それは，

　登場人物が自分1人ではなく，"職場の同僚や関係者のみんな"

であることです。そして，互いに喜び合う姿が見えています。このゴールの設

定や達成を「共有する」ことは，エモコンやビジネスにおいてイメージトレーニングを活用するうえで挙げておきたい重要なポイントです。

　プライベートに関するゴールは自分1人で満足しているだけでも構いません。しかし，ビジネスのゴールの達成は組織で動いているものですから，関わるメンバーで共有すればするほど，その広がりは大きくなります。

　メンバーでの共有も，言葉だけでは不十分です。組織として向かっていく方向性や取り組む意義を認識するためには，ゴールを達成したときの高揚感といったハッピーな気持ちも共有する必要があります。これがまさにエモコンが大切にする「非言語のコミュニケーション」なのです。

　成果が出たときに，みんなで喜びを分かち合っている姿をイメージしている人がいれば，それが職場の空気にも滲み出てきます。そして，「ここで働くことは楽しいしやりがいがある！」という前向きなムードが醸成され，ハッピーな状況が生まれ，やがて，その組織全体に変化が生まれ，大きく変わっていくのです。

　組織というのはそんなに簡単なものじゃない，と思う人もいるでしょう。しかし，イメージには現実をそこまで変える力があるのです。妄想をもつことへの恥ずかしさをいったん脇に置いて，ぜひ試してみてください。

　そして，おもしろいことに，このような状況が組織に広がると，それに合わない人も出てきますが，そのような人は，自然と会社を去っていきます。現状維持機能が満たされないからです。だから，リストラをしなくても，クビにしなくても，本当にその組織に共感できる人だけが最終的に残っていきます。

　結果，みんながハッピーな状況を達成することができるのです。

■ゴールは「どこ」に設定するか？

　ただし，ゴールを設定する際には，とても重要なことがあります。それは，「現状の外」にゴールを設定すること，すなわち，現状の延長戦でゴールを設定しないということです。これは，コーチングで極めて重要なポイント[5]です

5　前掲第7章注4・苫米地英人・13頁参照。

が，一般にはややわかりにくいので，不祥事と絡めて解説してみましょう。

　柴田昌浩＝金井壽宏『どうやって社員が会社を変えたのか？』（日本経済新聞出版，2013年）[6]で紹介されていることですが，かつて，いすゞ自動車が大改革を行う際，藤沢工場で「夢の実現」に挑んだ逸話がとても参考になります。同工場では，車で，後から一箇所も直さないで済む率を直行率というそうですが，直行率100％を追求しようとしていました。しかし，「これは，一見当たり前の方針のように思われるかもしれない。だが，現場の発想は必ずしもそうではない。納期を守ること，そのために日々の生産量を確保するということをどうしても重視してしまうため，ラインストップのリスクを取ってでも直行率アップを目指すという考え方はなかなか出てこない」。しかも，「直行率100％を目標と捉えるならば，現状が70％だとすると，これを80％に上げようというふうに，やや高めのターゲットを設定するのが普通であろう。しかしそうすると，20％の不良はあってもよいということになる。それぐらいの不良はあっても仕方がないという割り切りが現場に生じる」。しかし，「お客様の満足を考えるならば，不良品ゼロに向けて全精力を集中するのが本来のものづくりのあり方ではないか」ということで，この工場では，「直行率100％」を掲げたのです。

　この点について，柴田氏は「その考えの根っこにあったのが，『目標を設定する』のではなく，『コンセプトを掲げる』という発想なのだ」，「この場合のコンセプトとは，『ありたい姿』のことである。……自分たちにとっての『ありたい生産の姿』の実現を目指し，ひたすらそこに近づくための努力を続けることが日々の活動になるのだ」と解説しています[7]。

　私なりに解説すると，直行率80％は「現状の内」のゴールです。100％はありえない夢に近いものですが，それがあるからこそ，つまり「現状の外」にゴールがあるからこそ，常にそれに向かって奮い立つ気持ちが起きるのです。もちろん，先ほど述べたミッションツリーや，ゴールに至るまでの「プロセスの視認化」は重要ですが，このように，「強烈な」ゴールは，まさに「現状を超えた」こうなりたいというあるべき姿が反映されて初めて成り立つものなの

6　この本の原型である柴田氏の『なぜ会社は変われないのか』（日本経済新聞出版，2003年）を含め，非常に示唆に富む指摘が多いので，ぜひ一読をお勧めします。

7　前掲・柴田＝金井・177頁参照。

です。そしてこれを支えるのがパーパスであり，それらから導かれるのがミッションに他なりません。

■オーナーシップとゴール設定

　このように，組織全体で，また，部署，支店，支社等分岐された身近な組織単位で強烈なゴールを設定することは，もちろんビジネスにとっては有用ですが，不祥事を減らす観点からも極めて重要であることをぜひ認識していただきたいと思います。

　そして，このゴール設定には，上層部のプロジェクトチームが勝手に作るのではなく，末端の従業員を含めた各階層の従業員も積極的に関与することが肝要です。これが，第7章で述べた「オーナーシップ」をもたせるということでもあるのです。

　自分の関与したゴールは，自分にも関連性が高いので，必然的に行動指針としやすいのです。そして，「共感」を得やすい状況では，ラポールも生まれやすく，まさに「ハッピー」な組織へと変容するためのきっかけとなります。前掲『どうやって社員が会社を変えたのか？』で金井氏は「（いすゞの開発部門のトップであった）稲生さんは，『人間というものは，いわゆる『理』だけでは本気で動こうとはしません。人が働いて出す成果には，心の問題，気持ちの問題がものすごく影響します』と語り，『感情』の問題の重要性を強調している」と解説しています。エモコンが，無味乾燥なコンプライアンスに，やりがい，楽しさ，誇りを結びつけることを大切にする意味が，より理解いただけるのではないかと思います。

■ボトムアップと組織のゴール設定

　さらに別の観点から，ボトムアップとトップダウンの融合について述べておきましょう。

　多くの場合，企業の改革はトップダウンと思われていますが，これは当然，つまり必要条件であって，十分条件ではありません。「社員が自分で考え，自

分で決め，自分で行動したとき，社内に正しい情報が流れてチームワークが本当に機能したとき，組織が生み出すアウトプットは想像を超えるほど大きなものとなります」[8]とあるとおり，ボトムアップなくして不祥事改革はできないし，組織はいつまでたっても変わらないのです。では，ボトムアップはどう進めるべきでしょうか？

　不祥事が起きたとき，組織の改革には会計，ガバナンス，内部統制（特に企業集団），法的知識の習得，内部通報の改善等，いろいろな側面からのアプローチが必要となります。しかし，一番重要なのは，「このままではいけない」「組織は自分たちが何とかしないと」「こうしたら大きく変わることができるのではないか」という，１人ひとりが危機感をもって「当事者」になることが不可欠なのです。「改革の推進力を企業の指揮命令力に求めるのではなく，社員の内発的エネルギーに求める。これからの企業改革はそういう形で進んでいくべき」[9]なのです。

　ちなみに，ここでいう「社員の内発的エネルギー」は，本書で述べている無意識（マインド）を動かす「創造的エネルギー」を意味すると私は考えています。そのためには，

① 「トップダウンによる方針を待つだけでなく，私たち１人ひとりがそれぞれの持ち場で改善できることを１つひとつ改善する」[10]
② 単なる批判のみならず改善策をよりたくさん提案した部署や個人に何らかのインセンティブを与える
③ それに対して，上層部（できれば社長）がちゃんとフィードバックやフォローを行う（これはかなり重要である）
④ 近頃いろいろな企業で問題となっている子会社の不正に関しては，不正を行った現場が一番よく問題点をわかっているのであるから，コンサルタントや親会社が不正防止策を作ってそれを押し付けるのではなく，手痛い失敗を犯した子会社にこそ，改善策を作ってもらい，それを親会社の視点と合わせ

8　前掲・柴田＝金井・238頁。
9　前掲・柴田＝金井・62頁。
10　鈴木滋彦『１割が変われば会社は変わる』（NTT出版，2012年）75頁。

　　　　ながら，改善策をより高めていく
⑤　そのうえで，改善策の達成率を自ら評価してもらい，親会社の評価との乖
　　離率がどれくらいあるか，あるとすれば，どちらの策や視点にどのような問
　　題点があるのか，を現場で（つまり子会社が存在している場所で[11]），徹底的
　　に討論する

等が必要となってきます。

　1つわかりやすい例を挙げましょう。組織である不祥事が起きた場合を考え
てみます。このようなとき，組織を変えるためのエモコンの全体講演を行うと，
多くの場合，「そのとおり！」だと，とても肯定的な意見が出ます。しかし，
それにとどまらず，今度は，管理職未満の従業員に個別研修をすると，「自分
が変わる必要性」をほとんど忘れてしまい，上層部に対する不満が渦巻いて
て，問題点は「すべて上司，経営陣」にあるという意見が多数を占めることが
少なくないのです。一方，その結果を踏まえて今度は上層部に研修を行うと，
今度は上層部から「ちゃんと伝えているのになぜ伝わらないのか」「やること
は一応やっているのに，それが評価されないのか」という悩みや不満が噴出す
ることが多いのです。これは，特定の研修を指しているのではなく，多くの研
修でほぼ同じ結果が生じています。

　このような，認識の不一致が起こる原因はさまざまですが，忘れてならない
のは，コミュニケーションの方法です。なかでも，第7章で述べたように，言
葉では，言いたいことの7％しか伝わらない，ということです。だからこそ，
残りの93％を伝える非言語のコミュニケーションが重要となってくるのであり，
これが，エモコンにおいて，役に立って嬉しい，誇らしい，楽しいといった非
言語の感情を大切にすることや，組織で「ハッピー」な状況を作ることが重要
視される所以なのです。

　したがって，トップダウンにおいては，説教，「今度同じことを犯したら会
社が潰れるぞ！」という脅し，マニュアル類の大量の押し付けではなく，「現
場の空気をどう変えるか」に，何にも増して注力しなければなりません。そし
て，ボトムアップの段階では，淀んだ空気は「自分たちの無関心や諦め」が

11　場の共有こそがラポールを生むことを忘れてはいけません。逆に，一度ラポールが築かれると，
　　物理的な場を常に共有しなくても，ラポールを維持できます。

作っていることを自覚したうえで，「自分たちが空気を変えていく」という覚悟をもって改革に臨むことが必要なのです。

　その意味で，コンプライアンス宣誓書を従業員全員から取得するというよく使われるやり方は，相当工夫の余地があると言わなければならないでしょう。なぜなら，その宣言は「悪いことはしません」と自らコミットしているようで，内実は「不正を犯したら，この宣言に違反していると問い詰められるための証拠じゃん」と思いながら，仕方がなく書いているにすぎないからです。そのため，コンプライアンス宣誓書を取得するのであれば，経営陣も含めて，かつ「自分が積極的に不祥事を撲滅して胸を張って利益を出せる組織へと改善するために「何にどうコミットするか」を宣言させるべきです。そして，経営陣の意気込みやそのコミットを従業員に公開するとともに，従業員の意気込みも，特に秀でたものをやはり公開して，「空気」を入れ替える方策に使うべきなのです。

　なお，少なからぬ従業員は，どうせ会社は変わらないから無駄という冷めた目で一連の企業不祥事改革にも相変わらず「非当事者」的意識で臨むことが少なくなく，この点をどうすべきか？　という質問も時々受けることがありますが，これは杞憂であると考えたほうがよいでしょう。この点，企業改革に多くの実績をもつ柴田氏が「ポテンシャルのある2割の人たちのさらに2割，つまり全体の4％から5％ぐらいの人たちが動き出せば，それが2割の動きにつながり，6割を巻き込み，会社を変えていくことにつながっている」と述べている[12]ことをぜひ参考にしていただきたいと思います。ちなみに，上層部の研修を終えて，従業員にフィードバックを加えた後，さらに従業員研修をすると，多くの場合，今度は建設的な意見が出てくるようになります。

■小括

　以上をまとめてみてみましょう。
　まず，正しいことをしたらどんな気持ちになるかイメージを強めてください。

12　前掲・柴田＝金井・63頁。

そのうえで，今度は仕事でのゴール設定です。その際，ゴールの仕分けが重要であるとともに，ゴールを達成するための未来記憶を変えるような具体的なイメージをもってください。そうすると，今の行動に変化が生じ始めます。そのゴールに向かって，

「ステークホルダーのために，これはしよう」「これはだめだ」

と，自然とルールが自らのマインドのなかにできていきます。

　さらに，ハッピーなマインドが続けて，ゴールを達成したときの喜びをイメージし，心のなかを満タンにしてみてください。その際，ワークライフコンソリデーションをイメージしつつ駆使してみましょう。そして，未来の記憶を書き換えるのです。

　この段階ですでにイメージのなかでゴールが達成できています（現在完了進行形）。そうすると，必ず，満足感，安心感，達成感，自己肯定感が高まります。そして，自然と「正しいことをした時のイメージ」と合致するようになるのです。

　ここまでくると，もはや，法令遵守としつこく叫ばなくても，ビジネスもコンプライアンスも両者が実に折り合いよく（コラム31），しかも，同時に追求できる道が完成しています。これが，エモコンのイメージトレーニングなのです。

　このようなトレーニングをぜひ続けていってみてください。

 コラム31　ビジネスとコンプライアンスの相関関係

　「ビジネスはアクセルで，コンプライアンスはブレーキだ」というたとえをいまだに耳にすることがありますが，エモコンは，真逆の観点に立っています。両者は深くつながり，密接な相関関係があるからです。

　ビジネスとコンプライアンスは別物ではありません。役割が違うのです。例えば，ビジネスはアクセルの役割がありますが，「こちらに向かってい

こう」というガイドの役割も兼ね備えています。コンプライアンスに適う"正しいビジネス"をするときに，そうしたガイドは当然ながら必要です。つまり，ビジネスとコンプライアンスの間にしっかり橋がかけられていて，両立している状態が目指すべきイメージです。両者は一体なのです。

　その際に指針となるのが，ハッピーな状態かどうかです。ハッピーな環境のなかにいるほどビジネス上のゴールは達成しやすくなりますし，必然的に不祥事を避けることができるのは，これまでに述べたとおりです。

　つまり，【図表10－1】のように，

　ハッピーな状況がビジネスとコンプライアンスをブリッジして強い結びつきを作っている

のです。

　このことを今一度，認識しておいてください。

■リラックスできる環境を確保し「習慣」にする―エモコンと呼吸法

　最後に，イメージトレーニングを有効にするコツをお話ししておきましょう。それは，

　リラックスした環境で行うこと

です。

　お風呂に入っているときや布団に入って寝る直前など，また，大自然のなかで，というように，自身が最も安心できて，落ち着いている時に，設定したゴールのイメージを膨らませるのです。

　その際に極めて大切なのが「呼吸法」です。日本の武道では呼吸をとても大

事にします。戦わずして勝つことが最強とされますが，それを実現させるのが呼吸なのです。武道までいかなくても，ラジオ体操などの深呼吸にも共通します。ただし，深い呼吸というのは，実は意識しなければできないものです。普段私たちはまさに無意識で行っているのが呼吸だからです。

　呼吸では，吸うより吐く息を意識します。その際には逆腹式呼吸[13]で，吸うときにおなかを凹ませ，吐くときに膨らませます。そして，素早く短く吸って，できるだけ長く吐きます。息を吸うときには肩を一緒に上げて（すぼめて），吐くときには肩を一気に脱落させると，なおわかりやすいでしょう。

　この呼吸をすると「思考の抽象度が上がり」[14]，「注意力，集中力，ストレス管理，衝動の抑制，自己認識といった自己コントロールの様々なスキルが向上する」と言われています[15]。

　呼吸を整えるということは，思考に良い影響を与えます。そして，創造性を刺激し，新しい発想を生み出し，なんと！　悪魔の囁きにも強くなれるのです。

　瞑想や座禅もまさに同様の効果を生み出します。スティーブ・ジョブズが禅に精通し，瞑想を習慣化していたことは有名です。瞑想は，現在「マインドフルネス」というより一般化された形で日本に上陸していますが，元はといえば，アジアの「専売特許」だったのです。ただし，オウム真理教事件のように，瞑想はカルト宗教にも利用されますので，本格的な瞑想を素人に習うのは危険です。習う場合は，安心できる専門家のもとでやってください。ここでは，ひとまず，呼吸法を理解するだけで十分です。

13　久保田武美『丹田呼吸の科学』（総合医学社，2017）で呼吸のことが詳しく医学的に理解できます。また，苫米地英人『自分のリミッターをはずす！：完全版変性意識入門』（ビジネス社，2017年）Kindle版参照。
14　苫米地英人『夢が勝手にかなう「気功」洗脳術―脳科学から見た「気功」の正体』（マキノ出版，2010年）68頁。
15　ケリー・マクゴニガル『スタンフォードの自分を変える教室』（大和書房，2012年）50頁。

第12章

「倫理トレーニング」で
実践的な技術を磨く

　エモーショナルコンプライアンス（エモコン）の基本知識，ゴールの設定やイメージトレーニングの実践のコツをこれまでお伝えしましたが，実は最後にもう1つ乗り越えなければならない壁があります。それが，第1章でも述べたように，「悪いとわかっていても，実際にはやってしまう」という認識と行動のギャップ，いわゆる限定された倫理性をどう克服するかという問題です。限定された倫理性とは，正確には「倫理的に振る舞おうとする意図はあるのに，実際には倫理に反する行動を取ってしまう現象」をいいます[1]。

　現実に起こる問題というのは，白黒の判断が明らかにかつ即座にできるような問題は少なく，むしろ，多くの問題が判断に迷うものばかりです。変動性が高く予測不可能で，複雑で曖昧なVUCAの時代はなおさらです。しかも，悪魔の囁きは，「容赦なく」襲ってきます。そのなかで，どう判断プロセスを磨き，対処するのでしょうか？

　これまでのコンプライアンス研修には，知識の習得（結論を覚えること）に専ら焦点が当てられ，この判断プロセスを磨くという点がおざなりにされてきました。しかし，COSOフレームワークとの違いでも述べたように，

1　前掲第3章注4・マックス・H・ベイザーマン＝アン・E・テンブランセル・7頁。なお，ここでいう「倫理的な」の意味は，「正しいこと」の意味に近いです。

単に清く正しく美しくという結果や理想像を求めるのではなく，実地訓練を通じて，より良い思考法を身につけていく

　ここに，３軸を中心としたエモコンの大きな特徴があるのです。
　判断プロセスを磨くにあたっては，実は「技術」も必要となってきます。別の言い方をすれば，

　悪魔の囁きを撥ね退けるには，理論や精神論だけでは足りないのです。

　本章では，頭での理解と実際の行動のギャップを埋めるための技術，「倫理トレーニング」（略して「倫トレ」）[2]を，みなさんとともに学んでいきたいと思います。この倫トレでは，バリエーションに富んだ例題を多数使い，それに対する参加者の意見や考え方を質問によって掘り起こし，みんなで共有し，そこから導かれるポイントを学びに昇華するという形式で，技術を磨いていきます。
　本書では，倫トレの様子がわかる，比較的簡単な例題を４つほど取り上げますので，ぜひ一緒に考えてみましょう。

---

[2]　倫理の捉え方は一様ではありませんが，ここでは「考え方のプロセス」という意味で捉えてみてください（ドーン・マリー・ドリスコル＝W・マイケル・ホフマン『ビジネス倫理10のステップ』（生産性出版，2001年）17頁）。倫理に類似するものとして「価値観」もありますが，価値観とは「仕事に取り組む姿勢を形づくり，行動のもととなる重要な信念」（同頁）を指すと言われています。価値観があってもそれが間違っていれば，必ずしも正しい判断ができるわけではありませんが，判断を行うにあたり，それが重要な役割を果たすことは間違いないでしょう。特に組織においては「価値感は広く散らばった組織をまとめる接着剤」（同49頁）と言われるほど重要な役割を果たします。価値観がなくても正しい判断ができないわけではありませんが，それが備わっていればより正しい判断がしやすいでしょう。このように倫理と価値観は「相互補完関係」にあるということができます（同18頁）。

■倫トレ：ケース１「トロッコ問題」

【設定】　下り坂を１台のトロッコが猛スピードで走っています。トロッコのブ
　レーキは壊れ，ものすごい勢いで加速しています。線路の先には５人の作業
　員がいます。彼らは線路の外には出られず，このままでは全員がトロッコに
　轢かれて死んでしまう状況です。５人の少し前には陸橋があり，そこに１人
　が立っています。その人を線路に突き落とせば，その人は轢かれて死ぬものの，
　トロッコは止まり，５人は助かります。

【質問】　あなたは陸橋から人を落とし，５人を助けますか。それとも５人の死
　をそのまま待ちますか？

　ケース１では，有名な「トロッコ問題」を，研修参加者とのやりとりにおい
て私なりにアレンジして使用します。
　さて，みなさんはどんな選択をするでしょうか。何もしなければ５人は亡く
なり，１人を突き落とせば５人は助かります。ここで投げかけられているのは，
「ある人を助けるために，ほかの人を犠牲にするのは許されるのか」という究
極の問いです。
　この問題への答えをいくつか紹介します。

・人の命は平等だと思うが，１人と５人であれば，より多くを助けたいから，
　陸橋の人を突き落とす
・突き落とせない。人殺しは自分の倫理観に反する
・突き落とすのはきつい。何かの幸運で５人が助かるかもしれない。仮に５人
　が亡くなるにしても，それは運命で，自分がそこに手を下してまで，５人の
　命を救いたくない

「最大多数の最大幸福」を考えて突き落とすという人もいますが,「突き落とせない」と答えた人が,これまで実施したコンプライアンス研修では大多数でした。

では,5人のなかに大統領や首相がいたらどうでしょうか? また,自分の配偶者や子どもがいたら,どう判断するでしょうか。

・家族がいるなら,落とすことも考えるかもしれない
・自分が飛び降りて,トロッコを自分で止める努力をする

仮に落とす人が,浮浪者のような人ならどうしますか?

こうやって,いろいろな場面に出くわすと,答えが微妙に揺れてきます。特に,家族など身内がいる場合は,なおさらです。たとえ,人ひとりの命は地球より重くても……です。

では次に,問題の設定を微妙に変えます。陸橋はありません。あなたはどんな選択をするでしょうか。

【設定】 ブレーキが壊れて猛スピードで走るトロッコには,レバーがついています。レバーを引くと,トロッコは進行方向を変えて,5人の作業員がいる線路には向かいません。しかし,新たに進む先には別の人がいます。その1人は亡くなってしまいますが,5人の命は救えます。

【質問】 あなたはレバーを操作しますか。

何もしなければ,1人は助かり5人が犠牲になります。レバーを引けば,1人は犠牲になるが5人は救えます。突き落とすという行為から,分岐レバーを操作する行為に変わったこの問題では,「レバーを引く」と答える人が格段に増える傾向にあります。その理由を,研修参加者の答えに探ってみましょう。

・手を加えることで，最終的に5人の命が救えるなら引く
・どちらにしても人は亡くなるが，突き落とせば殺人だが，レバーの操作はそうではないので引く
・直接手を加えるのでなく，間接的な行為なのでできる
・レバーを引けば，脱線の可能性があり，全員助かる場合も期待できる

　この問題に正解はありません。もしかしたらあるかもしれませんが，倫トレでは正解を出して覚えることが主眼なのではなく，このような選択の難しい問いを投げかけられることによって，

「正しいこととは何か？」
「正しさに絶対はあるのか？」
「どういう場面にくると，自分の価値観や判断力が揺らぐことになるか？」

という思考のプロセスや自らの判断の危うさを体験してもらうことが主眼なのです。人を殺してはいけないことは，誰でも知っています。しかし，状況次第で私たちの判断は大きくブレるものです。

「突き落とすのは嫌だが，レバーの操作なら可能性があるかもしれない」
「間接的な行為だから罪悪感が薄い」
「直接であってもやむをえない」……

　いろんな考え方がありますが，人が亡くなるという結果は同じです。犠牲になるのが自分の身内という条件も，私たちの判断をまた変えていきます。
　このように「人を殺すな」という明快な規範ですら，状況的に追い込まれると，私たちが常に守ることができるかは突然怪しくなるのです。また，人種，宗教，文化，置かれた環境が違えばなおさらでしょう。
　まずは，このトロッコ問題によって，「正義は1つではない」ということを身体で感じ取ることが大切です。そして，この「答えは1つではない」という

ことは，企業倫理においても等しく当てはまるのです。先ほど，企業倫理の章
（第8章）で

　「ビジネス倫理が，ただ1つの物議をかもすおそれのない答えを出すことは
めったにない」

という考えを紹介しましたが，その意味がこのトロッコ問題でより一層理解で
きるようになるでしょう。
　時代や文化，はたまた宗教的な要因や状況次第で，何が正しいかは変わりま
す。となれば，細かい規則で縛る旧来のコンプライアンスのアプローチがどこ
まで効果的かは……，かなり怪しいものです。「これをやってはダメ」と言い
続けること「のみ」に注力するのではなく，状況によって判断は迷うものだと
認識し，そのうえで判断力を培っていくことが大切なのです。
　「正しいことをしようよ！」というマインドへの変換は，頭で理解しただけ
ではなかなか難しいものです。その難しさを実感できるテストをいくつか紹介
します。以下の状況設定を読み，3つの質問に答えながら，学びを深めてくだ
さい。

■倫トレ：ケース2「バレなきゃ大丈夫！」

【設定】　ある日，会社から突然に「コロナ禍でよく頑張ってくれたから，全員
　　に特別ボーナス1,000万円を支給したい」との通知が届きました。
　　社員はみんな大喜びで，住宅ローンの完済や老後のための貯金，家族でGoTo
キャンペーンを使って豪華国内旅行など，嬉しい計画に頭をめぐらせます。
　　ただし，1,000万円の受給条件は，試験を受けて80点以上取ることです。もっ
とも，平均点が90点／100問という簡単な内容で，YESかNOかをパソコンで答
えます。だから，よほどのことがない限り，1,000万円は，全員がもらえるだろ
うと考えられていました。
　　その油断から試験前日に同僚たちと飲みに行き，泥酔してしまいます。当日
はひどい二日酔いになり，なんとか受験したものの，結果は何と79点でした。
あと1点足りません。

　さあ，大変！　二日酔いで青ざめた顔は別の意味で青ざめました。

　そこで最初の質問です。
　点数はパソコン経由で即座に人事部に届きますが，念のためと自己申告が求められました。さて，あなたは何点と申告しますか？　79点？　80点？

　この場合，ほとんどすべての人は79点と答えます。すでに答えはパソコン経由で人事部に届いているのですから，ごまかしようがないからです。
　2番目の質問では，少し状況を変えてみましょう。
　試験終了後30分以上経って，人事部から「お待たせして大変申し訳ありません。パソコンが壊れ，みなさんの点数がわからない状態です。なので，自己申告だけで構いませんからお願いします」との連絡がありました。
　さて，あなたは何点と申告しますか？　79点？　80点？　もしくはそれ以上？
　この場合は，1問目と異なり，82点，85点，90点という人が，俄然増えてきます。理由を尋ねると，もちろん「誤魔化してもわからないし，お金がほしいから」です。ただ，上乗せをする点が人によって異なるのは，80点だと嘘くさいが，かといって100点では気が引けるので，「盛り方」を微妙に変化させるという工夫の度合い！　が違うからです。
　そして，最後の質問です。実は，パソコンが壊れたというのは嘘で何点でも，本当の点数を言った人にだけ支給する取決めがあらかじめありました。そのことを試験前日の飲み会にいた人事部の友人から，あなたはこっそり「詳しくは言えないけど，明日1日は，何があっても絶対に嘘をついちゃダメ。そうしないと後悔するよ！」と耳打ちされました。
　さて，パソコンが壊れたと聞いた時点で，すべての事情を悟ったあなたは，何点と申告しますか？
　もちろん，すべての人が79点です。
　このテストは私がアレンジしてはいますが，基本は，ハーバード・ビジネス・スクールの企業倫理の授業に出される課題と同じです。
　テストの点をごまかしちゃいけないことは誰もが知っています。ところが，

190

そうした倫理観をしっかりもった人でも，実は状況が変わると，質問への答えが大きくブレるのです。1問目と3問目には79点と答え，2問目では80点以上を申告するといった具合です。

バレなきゃ誤魔化す……この古典的な発想をやめろ！　というのは簡単ですが，そんなに容易なことではないことは，このような問題を通じて，みなさん自身が，

悪夢の囁きに「揺れ動く自分」を「身体」で感じる

ことでしょう。

■倫トレ：ケース3「取引先への私的旅行のプレゼント」

【設定】　Aさんは，所属する部署が，取引先の部長に個人的に高価な旅行券をしかも頻繁にプレゼントしていることを知りました。接待ならともかく，プライベートでのあからさまな優遇はいかがなものかと思いつつ，重要な取引先なので，今後の関係を考えれば仕方がないことだと，何も行動せず黙っていました。

Aさんがとった行動に問題はありますか？　あなたならどう考えますか？

これまでの研修では，「問題はない」と答えた人が毎回過半を超えることはありません。ただその割合は，全体の1割弱の日もあれば，4割近い人が「問題なし派」になった日もあるといった具合で，変動しています。参加者の属性や所属部署によって「問題なし派」の数が上下するようで，部署やセクションによって問題に対する考え方が違うのだという，私の気づきにもなっています。

「問題はない」と答えた人の意見を聞いてみましょう。

・重要な取引先の気を引く行為は，ビジネス上当然のこと

・営業活動の一環。その行為自体も，黙っていることも問題ない
・私的旅行プレゼントという好意に基づいた行為。部に損害もない
・部の決裁，社の承認があれば，問題はない
・銀座の高級クラブなどでの接待も個人に対してだから，旅行も同じ

一方で「問題がある」と答えた人からは，こんな理由が挙がっていました。

・私的旅行を贈ることはいいが，疑問をもったのに黙っているのが問題
・社内の環境が，言いづらい雰囲気になって言いたいことも言えないのはよくない
・会社間のやりとりでなく，個人へのプレゼントに違和感がある
・旅行は担当者の個人的な利益にしかならないのが，釈然としない
・取引先の担当者ではなく，部長のみを優遇するのが問題
・個人にプレゼントするには，金額と頻度が多すぎる

　トロッコ問題のように人の生死がかかった例題ではありませんが，「問題はない」派も「問題がある」派も，それぞれに理由をもっていることがうかがえます。
　この例題のポイントは，「部，会社として」行っていたことをどう捉えるかです。「問題がある」との回答のなかで一番目立つのは，プレゼントが担当者の個人の利益だけに落ちている可能性を指摘する声です。
　また，「見え方」の問題を指摘する意見もありました。取引先企業の側から見ると「担当者個人だけが，いつも接待を受け，利益を得ている。私たちは一生懸命やっていても，何も見返りがない」と，かえって先方の不満が募るので問題だという意見などです。「見え方」の重要性は，後からも述べますが，この例題を考えるプロセスでの気づきの1つです。何が正しいかという実質はもちろん大切ですが，周囲の人が誤解を生むような行為には，十分な注意と配慮が必要だということです。「李下に冠を正さず」なのです。もし，それでもやらなければいけない場合は，説明責任が発生します。すべての人の誤解を除くことは不可能かもしれなくとも，説明はしなければいけないのです。

この例題のように問題のあるなしが分かれるような行為は，傍目からどう見えるかを考え，かつ，説明の必要性があることを認識しておいてください。

ちなみに，取引先への対応として，「これだけお世話になっているのでプレゼントをしたい」と開示し，誰がその利益を受けるかを先方に選ばせるというアイデアもありました。たしかに，透明性が増します。相手の部のなかでコンセンサスが取れているというのも，1つの安心材料でしょう。また，送る側でも，誰かと癒着している行為の一環ではないと知らせることは，自社の部内での信頼や，モチベーションアップにもつながりますし，「正しいことを行う」メッセージにもなりえるものです。

正しさの判断が人によって分かれるような問題を解決するには，どうすればいいか，不祥事を未然に防ぐ意味で，その方法を考えておくことが重要です。働くなかで，白黒が明確でないグレーの部分に対峙することは，少なからずあるでしょう。説明責任を増やす，コンセンサスを取るなど，誤解を受けないような工夫が時として必要です。倫トレをとおして，その工夫をする力も鍛えてください。

■倫トレ：ケース4 「記録達成直前のミスと隠蔽圧力」

【設定】　X社では，無事故継続の記録を達成すると，表彰されることになっています。この表彰は，社内報にも大きく載るばかりか，福利厚生の一環として，有名ホテルの割引券も配られることから，みんなに人気があり，部署間でも，成果を競い合うなど，よい意味での事故防止策になっています。

さて，X社のY部では，記録達成の直前に，業務中の作業員がケガをしてしまうというトラブルが発生しました。幸いケガをしたAさんは軽傷のようですが，部長のBさんは，一応病院に行くように伝えました。しかし，本人は「軽傷だから」と病院に行きませんでした。BさんはAさん本人の意思を尊重し，また，記録達成という職場のモチベーションを下げないためにも，それ以上強くは病院へ行くことを勧めませんでした。

そして，無事故記録が達成されたのです。

　Bさんがとった行動は，管理職として問題はありますか？　あなたならどう考えますか。

　これまでの研修では，「問題はない」と答えた人はだいたい3〜4割前後という結果でした。
　「問題はない」と答えた人の意見を聞いてみましょう。

・病院に行く必要のない軽傷なら，無理に行かせない。記録達成という職場の
　モチベーションを下げないためにケガに目を瞑るという考え方は問題だが，
　行動は問題ない
・みんながっかりするなら，やむをえない
・本人が大丈夫と主張しているから
・本人の意思を尊重しているから

では，「問題がある」と答えた人の声はどんなものがあったでしょう。

・状況次第だが，本人の自己申告でケガの程度を判断するのは危ない。本人が
　周りに気を使って，あえて病院に行かない可能性もある
・「モチベーションを下げないため」という動機が不純
・「大丈夫」というが，打ちどころが悪ければ次の日に急に悪化するかもしれな
　い

　この例題では，「目の前のプラスのために，マイナス要素はなるべくなら隠しておきたいという気持ち」がどうしても付きまとうという点に難しさがあります。しかも，自己の利益というよりも，みんなのためを思って，多くの人の前向きな気持ちを阻害したくないという，「利他」的な気持ちもあり，いわゆる隠蔽とはやや趣が違います。
　一方で，「問題がある」と考えた人達のように，ケガをした部位によっては，例えば頭を打っていたとしたら，軽傷だと本人が最初に思っても，後々に問題

が起きる可能性も十分に考えられます。それが現実になったときは，本件を事故として申告しなかったことが「隠蔽」と見られるリスクもあります。

また，本当に「利他的」なのか，自分が無事故記録を達成した際の部長としての名誉が欲しいという側面もまったくないとは言えないでしょう。

本件は，すぐに白か黒かが明確にならない悩ましい問題の1つでしょう。ただ，このようなグレーの問題は，日常茶飯事に起きているといえます。

では，どうすればよいでしょうか？　実際にあった回答を参考にすると，

- 「ケガはあったが軽傷だったので，事故扱いはしていないし病院には行っていない」と，事後報告を添える
- 部位の打ちどころによって結論を変える。特に頭部であれば，事故として扱うべき，または，24時間様子を見て判断する
- 仮に事故報告しなくても，どのような経緯で事故報告をしなかったかについて本人への聞き取りをもとに記録を残しておき，後から問題となった際にも「隠蔽」と疑われないようにしておく

ディスクロージャー（情報開示）がここでは，後から「隠蔽しただろう」と指摘されることへの最大の防御になります。

また，判断過程を記録として残すことも重要です。簡単に判断したことなのか，熟考したことなのかなど，議論が分かれるような難しい問題については，どうやって結論を出したかの記録を残すように心がけてください。後の検証が必要になった場合に役立ちます。

このように，工夫次第では，判断の透明性を上げることが可能となります。常に，YesかNoかという結論だけではなく，そこに至るまでのプロセスをも大切にして判断を行うことが，企業倫理，そしてエモコンの肝になっていくことを学んでいただければと思います。

＊　＊　＊

以上，実際の倫トレでは，各企業で起きがちなさまざまな問題を探してもら

い，それをもとに，オーダーメイド型で作り上げていきます。私はこれを「あるある問題」と呼んでいます。

　倫トレのモデレーターは通常私が務めています。それは，コーチング手法を使って，結論を求めるのではなく，1人ひとりになぜそう考えるかを，深く迫っていく必要があるからです。ただし，これはコーチングの知識と経験があればできることから，そのような人が社内に存在すればモデレーターとなって繰り返し行うことも十分に可能です。ぜひ，みなさんの工夫，まさに「創造性」を発揮して，倫トレに取り組んでもらいたいと思います。

■難しい判断を支える，6つの倫トレ的ヒント

　判断に悩む難しい問題にぶち当たったとき，どんなふうに考えるべきでしょうか。倫トレ例題で，どんな可能性があるのか，具体的なイメージをつかめたでしょうか。

　私たちが難しいと思う問題には，大体の場合，ある共通項があります。それは，「自分の利害関係が深く関わっている」という要素です。

　例えば，出世や金銭的な利得などがそうですね。人間関係の利害が絡むことも。自分にとっての損得が絡んだとき，私たちは途端に冷静な判断ができなくなるのです。「コンフリクト・オブ・インタレスト（利益相反，COI）」という言葉を聞いたことがあると思いますが，まさに自身の利益と利害をめぐってコンフリクト（衝突）が起きている状態です。そんななかでは，自分を客観視するのが難しいものです。私のような弁護士も，COIが生じた場合，自分の問題は自分1人で判断せず，必ず他の弁護士を立てるという手段をとります。つまりは，別の視点を確保します。この「客観性を保つ」ことが非常に重要だからです。

　そこでCOIを含む，判断に迷うような難しい問題に直面した際に，どう切り抜けるか，本章の最後に判断プロセスを充実させるためのヒントを提供しておきます。

①　ヒント１：オプション（選択肢）を多くもつ

　何事も選択肢が１つしかない場合，私たちは与えられたその１つのことに固執し，判断を狂わせがちです。ケース２は，試験の点数を自己申告するという例題を紹介しましたが，「点数を誤魔化したい」という気持ちが働くのは，条件として提示された1,000万円が欲しいからに他なりません。

　しかし，仮にビル・ゲイツ氏やジェフ・ベゾス氏があなたの立場になったらどうでしょう。「私の資産は10兆円を超えますので，1,000万円をもらうことにこだわって嘘をつくより，きちんと告白したほうがいいね」という，新たな選択肢が増えるのではないでしょうか。彼らがどんな判断をする人か実際にはわかりませんが，選択肢を多くもつほど判断はしやすくなることはイメージできると思います。

　難しい問題になればなるほど，他の選択肢を考えること。実際に，「これしかない」と思い込めば思い込むほど，進退窮まって目の前の結論に飛びついたり，悪魔の囁きに簡単に敗北することが起きやすくなるのです。

②　ヒント２：視点を変える

　「問題はそれが起こったときと同じ意識レベルでは解決できない」とは，先にも紹介したアインシュタインの言葉です。一歩上に上がった抽象的な視点で，ものを見る重要性が示唆されています。目の前の事柄を問題視していたら，実はもっと大きな別の事柄が真の問題だった，ということは往々にしてあるもので，視点を変えるという発想はその解決の手助けになります。

　社会人にとって視点を変えるのに一番良い方法は，会社とは違う人とプライベートの時間を過ごすなど，普段の会社での価値観とは違う人，空間で，余暇を楽しむことです。

　私もプライベートでは，なるべく弁護士以外の人と付き合うようにしています。同じ業界，同じ会社の人と付き合っていると，どうしても価値観が似てきてしまうものです。その意味でも，第７章でお話しした「趣味をもつ」ことは，極めて重要です。その世界に入れば，職場とは全然違う，しかも利害関係のない他の価値観をもった人と深く付き合える，最も簡単な方法だからです。

　また，第6章で述べたモラルライセンスの罠に落ちないためにも，趣味はとても重要です。息抜きによって，脳や身体の緊張感が解け，また，日常のビジネスのなかで，悩みながらも正しいことを目指していく姿勢は，実は「視点を変える」ことと深く結びついているのです。

③　ヒント3：時間的プレッシャーのなかで，決断しない

　時間的プレッシャーを与えられると，私たちの思考判断は飛び，IQの数値が下がると言われています[3]。だから詐欺師が「今日だけ，今だけ，あなただけ」と言って時間的プレッシャーを与え，「通常は100万円だけど今なら30万円で」と決断を迫って詐欺を働く手口が通用するわけです。犯罪までではなくても，「今日だけお買い得！」などの限定商法に，つい財布の口がゆるんでしまう心理は，誰にもあるのではないでしょうか。

　時間のプレッシャーをさらに強力にしたのが，恐怖です。「あなたにはカルマが付いている」と煽って入信を誘うカルト宗教の例が，わかりやすいでしょう。

　時間のプレッシャーに迫られ，恐怖に脅され，そのなかで何かを決断しなければならなくなったとき，人は判断を間違えます。だから，そんな状況下では決断しないことが賢明です。週末を利用して，1人旅行に出かけてみる。信頼できる家族，パートナー，利害関係のない友人に相談するなどして，「時」を稼ぎながら，ゆっくり考えてみてください。

　逆に，みなさんがリーダーである場合，部下に時間的プレッシャーを与えないでください。パワハラやセクハラといった，恐怖でコントロールしたなかで決断を迫るなどは，最悪な方法ということも理解できるでしょう。

④　ヒント4：外観を重要視する

　外観，見え方を重要視することは，実は正しいことをやるうえで重要な指針となります。自分自身で「正しい」「正義だ」と思っている人は，往々にして客観性に欠けていますから，そこで他人の目を入れます。他の人からはどう見

3　前掲第6章注1・苫米地英人・137頁

えるかという視点を忘れないようにしてください。その意味でも，情報開示し，説明責任を果たすことによって，客観的に外部の検証に耐えられるようにすることは，とても重要なポイントです。

⑤　ヒント5：悩みを分かち合う

倫トレの例題の実践でもわかりますが，同じ問題でも人によってそれに対する意見は違います。だからこそ，「僕はこう考えているけど，本当にこれが正しいのかな」という疑問をもち，周囲の上司や部下などに相談してみます。もちろん，リーダーなら最終的に自分で判断しなければいけませんが，いろんな人の意見を聞いて考えるというのはとても重要なポイントで，判断プロセスを磨いてもくれます。

孤立感を防ぐためにも，第7章で述べたように，部下を「認識」し，寄り添うことが，だからこそとても大切となってくるのです。

⑥　ヒント6：解釈の指針をもつ

最後に「ただ悩んで考えているだけでは解決できない」という人に自分なりの解釈の指針をもつことをお勧めします。

法解釈・適用の指針として【図表12-1】を載せておきましたので参考にしてみて下さい。

* * *

倫理に関する問題は，とかく難しく，考え出すと切りがないのもたしかです。しかし，有効なヒントはあります。エモコンなら，技術も提供できます。

正しいことをするためには，理論と体感（イメトレ）そして技術（倫トレ）

これらが三位一体となって，初めてエモコンが成り立ちます。

コンプライアンスとより付き合いやすくなるコツを，エモコンでぜひ習得してください。

【図表12－1】法の解釈・適用の指針

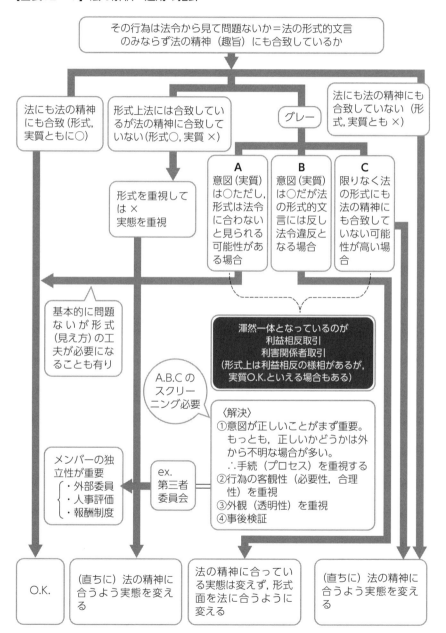

その行為は法令から見て問題ないか＝法の形式的文言のみならず法の精神（趣旨）にも合致しているか

法にも法の精神にも合致（形式，実質ともに○）

形式上法には合致しているが法の精神に合致していない（形式○，実質 ×）

グレー

法にも法の精神にも合致していない（形式，実質とも ×）

A 意図（実質）は○ただし，形式は法令に合わないと見られる可能性がある場合

B 意図（実質）は○だが法の形式的文言には反し法令違反となる場合

C 限りなく法の形式にも法の精神にも合致していない可能性が高い場合

形式を重視しては ×
実態を重視

基本的に問題ないが形式（見え方）の工夫が必要になることも有り

A.B.C のスクリーニング必要

渾然一体となっているのが
利益相反取引
利害関係者取引
（形式上は利益相反の様相があるが，実質○.K.といえる場合もある）

〈解決〉
①意図が正しいことがまず重要。もっとも，正しいかどうかは外から不明な場合が多い。∴手続（プロセス）を重視する
②行為の客観性（必要性，合理性）を重視
③外観（透明性）を重視
④事後検証

メンバーの独立性が重要
{・外部委員
・人事評価
・報酬制度}

ex.
第三者委員会

O.K.

（直ちに）法の精神に合うよう実態を変える

法の精神に合っている実態は変えず，形式面を法に合うように変える

（直ちに）法の精神に合うよう実態を変える

出典：前掲第7章注2・拙著・186頁

第13章

研修のあり方：
やってはいけない研修

　これまでは，実際の研修を題材にして，エモーショナルコンプライアンス（エモコン）の理論と実践を述べてきました。本章から第15章までは，コンプライアンス研修のあり方について，これまでの補足を行いつつ，もう少し深掘りしたテクニックや注意点をお話ししていきます。

■なぜ，コンプライアンス研修はつまらない？

　コンプライアンス研修は，新入社員から始まって，ミドル層および役員研修に至るまで，企業内の全階層に向けて日々行われています。しかし，ほとんどのコンプライアンス研修は，正直つまらないと思います。誤解をおそれずに言えば，内容も講師も「ほぼすべて」アウトです。その証拠に，私のところに来る研修依頼の多くの理由が「研修の効果が出ない」「やっても，やっても，うまくいかない」「何かが物足りない」というものです。

　では，何がいけないのでしょうか？　以下では，うまく機能しないコンプライアンス研修にありがちな問題点と改善策を述べてみましょう。

① 撲滅すべき不祥事の対象が間違っている

　今のコンプライアンス研修の一番の問題は，悪意ある「故意」の不祥事防止のため，小難しい法律やその改正の説明と，違反したときに生じるおそろしい

202

事象を繰り返し説明することに中心が置かれている点にあります。

　しかし，現在の不祥事の多くは，組織ぐるみの隠蔽や体質に大きな問題があることによって生じる不祥事もさることながら，「わかっちゃいるけどやめられない」「まさか，こんなひどいことになるなんて思いもしなかった」「薄々気がついていたけれど，自分には直接関係ないし，誰かが何とかしてくれる」という，見逃し型不祥事，悪意なき不祥事，うっかり型不祥事（以下「無罪悪感型不祥事」）なのです。

　この手の不祥事は，「失敗したらタダでは済まないぞ！」と「恐怖でコントロール」しても，「思考停止」が起きて「動機づけされた見落とし」が増えるばかりで効き目がないし，「倫理の死角」[1]や「盲点」[2]があるなかで，どれだけ，何を言っても無意識，つまり私たちの行動パターンを変えるシステムには作用しないことは，すでに前章までに何度も述べてきました。

　また，ビジョンやミッションと強烈なゴール設定「だけ」でも，実は足りません。つまり，無意識を活性化し，自ら考える力（想像力）をフルに活動させる研修でない限り，さらに，人の弱さを正面から認めつつ対処するような第12章で述べた倫理トレーニングを重ねない限り，残念ながら，無罪悪感型不祥事には対処できないのです。

②　導入のあり方が間違っている

　コンプライアンス研修の司会をされる多くの研修担当者は，開口一番「本日はお忙しいなか，研修にご出席いただき誠にありがとうございます」と，出席者（多くは営業部門）の方に，とても申し訳なさそうにお礼を述べることが少なくありません。

　しかし，これは，そもそも間違っています。なぜなら，このような言い回しで始まると，出席者が研修を「軽く見るから」です。

　このような下手に出た言い方や雰囲気は，担当者からは

1　前掲第3章注4・マックス・H・ベイザーマン＝アン・E・テンブランセル参照。
2　第6章参照。

「研修を定期的にやらないと（監督官庁）から大目玉を食らったり，何か不祥事が起きた時の言い訳にならないので，効果がないことは私たちもわかっていますが，どうかお付き合いください」

という無言のメッセージが流れています。しかし，そのような空気を感じると，出席者は，「そうだよ，このクソ忙しい時期に，またつまらない研修をやって，まったく，これだから……」という，無意識の反応を起こすことになり，コンプライアンス嫌いの出席者の「嫌い度」を助長させてしまうのです。社長以下役員クラスが出席する営業会議の時の緊張感や会議に臨む時の意気込みとコンプライアンス研修でのそれとがまるで違うことは，多くの方が理解できるところでしょう。

コーチングにおいて，受講者が大きく変わることができるかどうかは，受講者がコーチの前に現れた瞬間に実は決まることが少なくないように，コンプライアンス研修も「はじめ」が大切なのです。ここで，受講者に「舐められる」と，最後まで，しらけムードや厭世観が漂い，結局は何も変わらないという事態を招いてしまうことをぜひ忘れないでください。

では，どうすべきでしょうか？　一番良いのは，研修に携わる方が，本書で述べているような，エモコンをはじめとする新しい視点や見方への理解を高め，営業部門や社長以下，営業担当役員からも一目置かれる存在になること（詳しくは⑦参照）です。ただ，これは，一朝一夕には実現できることではありません。

そこで，それまでの間は，研修の必要性，重み（威厳）をもたせるために，コンプライアンス研修には，できる限り，コンプライアンス担当のトップ役員だけではなく，営業担当のトップ役員に出席してもらうことをお勧めしたいと思います。一番良いのは，もちろん，社長ができるだけ多くのコンプライアンス研修に出席することですが，多忙な社長がすべてのコンプライアンス研修に出席することは現実的ではないというもっともな意見もあるでしょう。

しかし，社長が冒頭だけでも出席すれば重みは増すし，少なからぬ企業で行っているように，重要な営業会議の際に，コンプライアンス研修を行うことによって，なるべく社長が出席しやすいアレンジを行う工夫は可能です。

　また，社長でなくとも，営業トップやそれに近い立場にある方が出席するのでも，十分な効果はあります。

　さらに，一見さほど重要とは思われない若手向けのコンプライアンス研修に社長等営業の経営幹部が出席すると，おそらく研修のあり方は「このままではいけない」と経営幹部自身が実感するはずです。

　「研修のどこに問題があり，何をどう変えるべきか」を，まずは，トップが肌で感じることは極めて有益なのです。

　ちなみに，余談ですが，数年前に行ったある役員研修では，急きょ社長が欠席となり，しかも，前の営業会議が長引いたという理由で，コンプライアンス研修が1時間半から突然1時間となりました。緊急事態はいつでも起こるし，やむをえない場合もありますが，このようなことは，出席している役員に「この研修は大した研修ではない」ということを，無意識に植え込んでしまうことになります（さらに，そのケースでは，その会社や社長から，その後何らの連絡やお詫びもありませんでした）。

　他方，ある幹部クラスの研修では，社長が臨席するだけではなく，真正面に座って，一生懸命にノートを取っていました。この意気込みによって，当然出席者にも研修の「重要性」が伝わるのは明らかでしょう。無言のメッセージのもつ意味は，極めて大きいことを改めて述べておきます。

　ただし，当然ですが，出席する社長が営業トップの人から「あんただけには，コンプライアンスと言われたくない」という存在ではまったくもって無意味です。今回のコロナ禍の自粛要請がうまくいかないのも，政府要人の会食という，国民へのメッセージと真逆な行動がその時期に取られていたためであることは記憶に新しいと思いますが，これはまさに典型例と言ってよいでしょう。

　また，社長であれ，営業トップであれ，恐怖でコントロールするタイプの人も不適切です。あくまで，「倫理と利益を同時に追求するための武器がコンプライアンス」であることを，言葉でも実践でも示すことができる方であることが大前提なのです。私が接してきた大企業の多くの社長や営業トップの方は，エモコン的発想にもともと理解があり，かつ実践されている方でしたが，近時の大企業の不祥事を見る限り，心許ない企業も散見されるのは事実です（中小企業では，その割合はさらに増えます）。

③　パワポを使った説明では心に残らない

　コンプライアンス研修に限ったことではありませんが，多くの研修では，研修資料をパワーポイント（パワポ）で投影しながら，講師が一方的に話すというスタイルが取られます。しかし，このスタイルは，数字が大切な理科系の学会や，法律の詳細を伝えたいような場合，中身によほど共感や親近感を抱くことができる場合を除き，効果的ではないことが少なくありません。そもそも，第7章で述べたように，コミュニケーションにおいて，言語の果たす役割は驚くほど低いのです。つまり，言語では言いたいことが7％しか伝わらず，93％は非言語で伝わるとの事実を前提とすれば，単にパワポを投影して，レジュメを読んでいるだけでは，「睡眠導入剤」にはなっても，脳の活性剤にはならないのです。だから，レジュメは棒読みしないこと。

　また，パワポに投影する必要がまったくないとは言いませんが（特にオンライン研修は，レジュメが不可欠です），仮に，条文の説明であっても，図を使う，映像（動画）を使う，受講者に参加させるなどして，受講者の五感をフルに活用した講義に変えたほうが，はるかに浸透度が上がるはずです。ちなみに，私は，ほぼすべての研修において，立ちっぱなし，動きっぱなし，レジュメを事前に配るものの，まったく読まない（もちろんパワポの投影は原則として使わない）というスタイルを貫いています。また，オンライン研修でも，できる限り資料の画面共有はしません。画面共有を行うと，どうしてもそれを読むことに注意が集中してしまい，その研修から伝わる「空気」が感じられなくなるからです。このことは，研修の臨場感を下げ，結局のところ没入感を下げるので，効果がどうしても限られてしまいます。

　研修スタイルは人それぞれなので，これがベストというものはありませんが，ぜひ工夫をする必要があることを意識してみてください。

④　動きがない

　③とも関連しますが，講師が，壇上にずっと座って，レジュメを読んでいるのは，もっといただけません。受講者は，予備校や巷の講演会のように，自ら興味をもって積極的に参加しているのではなく，そもそも嫌いなコンプライア

ンス研修に仕方がなく参加していることを忘れてはいけません。声のトーン，大小，ジェスチャー，前後左右の動き，息遣いなど，あらゆる非言語のコミュニケーションを用いるべきです。

⑤ 笑い，感動がない（心に響かない）

コンプラアンス研修で一番の問題は，「まったく」笑いがないということです（コラム15）。まじめな研修に笑いがないのは当然と思われるかもしれませんが，エモコンでは，感情や情動をコンプライアンスに結びつける必要があります（第2章，第5章）から，むしろ笑いがあるのが自然なのです。

退屈，窮屈，緊張感が伴うなかでは，思考回路も働きません。自らの頭で考え，咀嚼し，活かしていくという能動的プロセスを発動させるためにも，「なんだ，そうだったのか！」「意外に楽しいな！」「とっつきにくいと思っていたけれど，視点を変えれば役立つかも」というような，無意識のバリアを外していく仕掛けとして，感情を揺るがすためにも笑いや感動は不可欠です。

⑥ 臨場感（リアリティ）がない

パワポ投影とレジュメの棒読みの問題点にも深く関わることですが，ほとんど多くのコンプライアンス研修には，臨場感が伴っていません。具体的に述べると，不祥事を犯した時のダメージ，正しいことをして，かつ利益も出して成功した時の達成感という，マイナス面でもプラス面でも，リアルにそれを感じることができないのです。eラーニングが知識を植え込むだけで終わってしまうのも，そこに理由の1つがあることは第10章で述べました。

仮に理論でわかっても，それを肌で感じて，最終的に無意識のレベルまで落とし込む作業ができないものは，臨場感をもってイメージできない以上マネージできないということです。要するに現場では「使えない」ため，

「あれだけ研修で言ったのにどうして違反しちゃうの？？」

ということが起きてしまうわけです。

⑦　講師とラポールを築けない

　講師と受講者の深い信頼関係がないところでは，研修は成功しません。その意味で社内講師の人選は極めて重要です。特に，コンプライアンス研修は，法の知識のみならず，正しさや倫理の問題にも深く関わるので，非常に難しいと思います。若すぎては馬鹿にされるし，いわゆる出世コースから外れた人でも営業部門の心には突き刺さりません。だからといって，出世街道爆進というエリートすぎても「あんたには人の弱さがわからない」と思われてしまい，綺麗ごとで終わったり，「現場は違うんだよ」という反感がかえって生じたりすることになりかねないからです。

　では，どうするか？　まず，年齢ですが，新入社員など若年層には，共感を得やすい若手リーダーが良いことが少なくありません。等身大の人がコンプライアンス研修をすることは，ラポールを築きやすい１つの方策です。自分がどこでつまずいてどうやって克服したのか，親近感のある年齢層を講師に抜擢するのが良いでしょう。逆に，幹部，役員研修は，やはり社内でも尊敬される立場にある人が行ったほうが良いと思います。「何を言うか」よりも，「誰が言うか」は極めて大きいからです。

　また，会社では，コンプライアンスオフィサーやリーダーを設置するところが少なくありませんが，コンプライアンス研修の内容を実践するために，この方たちが果たす役割は極めて大きいのです。そこでの資質は，エリート，非エリート，出世組，非出世組は一切関係なく，社員に寄り添える人，具体的には，欧米型の「警察官」ではなく，

**　交番のおまわりさんのような，よろず相談所の役割を果たせること**

に尽きると思います。弱いところ，悩んでいる社員を「認識」し，悩みや問題点を聞いてあげる，拾ってあげること（寄り添うこと）が何よりも重要です。

　また，第15章の各社の取組みでも紹介しますが，自ら応募して，やる気のある人に任せるのも効果的な方法です（野村證券では，そのような方を「インフルエンサー」と呼んでいます）。

　その意味で，各社が取り組んでいる公益通報制度は，今一度その運用の改善を考えるべきです。多くの公益通報制度は，米国を出発点とするいわゆる内部告発窓口となっており，これはこれで必要ですが，内部告発に至る前の，潜在的問題点や社員を「認識」して，一緒に問題点に取り組んでいく機能はほとんど備わっていません。

　しかし，このような，「心の拠り所」は，問題点の早期発見と最小限のダメージでの解決を果たすうえで極めて重要なのです。現状の人事部やコンプライアンス部は，決して「気を許して相談できる部」ではありません。これらの部が変わるか，さもなければ，よろず相談所を創設することは十分に検討に値します。わかりやすく言えば，昔，小学校であったような「保健室の先生」の役割です。別に体調が本当に悪くなくても，何かにかこつけて保健室に行って，先生と談笑することによって，悩みがなんとなく解決されたという経験をもった人は少なくないと思います。

　そして，このような「悩み相談所」には，超エリートよりは，むしろ，酸いも甘いも味わい，あまり出世できなかった人がむしろ望ましい場合が多いのです。人の痛みや悲しみに共感できやすいし，相談者も気軽に悩みを打ち明けることができるからです。

　研修とは直接関係ありませんが，このような部署はコンプライアンスの見地からも，また，再就職支援という人材活用の面からも，一考すべきではないかと思います。

　余談ですが，私がメリルリンチに社内弁護士として入社した時，官庁に長く勤めた後メリルリンチのコンプライアンス室で働いていたノンキャリアの方に，いろいろと教えていただき，大変お世話になりました。出世街道かどうかに関係なく，年長者から学ぶことはたくさんあるはずです（もちろん人を選びますが）。ぜひ，「できる理由」を探してみてください。

⑧　「次」へとつながらない

　現状の研修でさらなる問題は，研修の内容が「次へ」とつながらないという点です。よくあるパターンとして，不祥事があると，その内容および懲罰内容を（ある程度抽象化する場合もあるが）研修（またはイントラネット。以下同

じ）で伝え，同じような不祥事を起こさないように注意喚起することがありますが，この方法は，実はかえって逆効果になっている場合が少なくありません。

なぜなら，研修では「こんな不祥事をするとこんな罰が与えられる」ということを示したつもりが，結果的に手口のみが頭に残る（第6章の「青い象」の話を参照）ことになりかねず，また，懲罰という恐怖を植えつけるだけとなって，結果的に思考停止を招くか，「自分には関係ないや」として，自らの問題として捉えることを放棄してしまうことになりかねないからです。ちょうど，昔のスポーツトレーニングで，失敗したビデオを選手に何度も見せて失敗を起こさせないようにしたつもりが，かえって失敗の場面を脳裏に焼きつかせて（無意識に刷り込ませて），結果的に，選手は本番でも失敗するパターンが後を絶たなかったのと同じでしょう。

したがって，不祥事を利用して研修をする（不祥事の公表も同じ）ためには，特別の注意が必要であることを忘れてはいけないのです。この点の打開策は，まとめて次章でお話ししたいと思います。

第14章

研修のあり方：
エモコン的研修のノウハウ

　本章では，「研修を行う際に何に気をつけたらよいか？」について，第10章から第13章のイメージトレーニングや倫理トレーニングを振り返りながら，効果的なツールや研修方法を具体的に述べていきます。

■現状の問題点を確認しよう

　これまで何度も述べてきたとおり，コンプライアンス研修でどれだけ自社や他社の過去の不祥事を紹介しても「他人事」であることが多いのは，自分の問題として捉える「イメージ」が「臨場感」を伴って湧かないことに原因があります。したがって，目の前で起きている（他人の）問題はまさに「自分の問題」であることを気づかせるステップを踏むことは，研修に積極的に，少なくとも，前向きに取り組んでもらうための「ウォーミングアップ」として不可欠です。そのための簡単なツールを紹介します。

① 　エモコンのためのアンケート（以下「エモコンアンケート」）を実施する＝職場での顕在的，潜在的問題点をリアルに認識させる

　そもそも極めて多くの人は，「コンプライアンス」を狭い範囲で捉えています。コンプライアンス＝狭義の法令遵守ではないことはみんな頭ではわかっていても，企業倫理との重なりを実感したり，ましてや，ハッピーな組織の構築

と密接に関係していることを実感できる人は多くありません。人事部がそれら
の施策とコンプライアンスが密接に関連していることを実感していないことも
大きな問題ですが，個々人においてそのような機会が少ないのは，日々の業務
に忙殺され，また，将来の（会社自身や自分のポジションへの漠然とした）不
安に頭がいっぱいで，現状を振り返る時間的精神的余裕がないことも理由の1
つとして考えられます。あるいは，すでに会社生活を諦観しており，それを振
り返ったところで「何の意味もない。現状は変わらない」と思い込んでいる人
も少なくないからかもしれません。

　そのような意識状態を一度リセットするためには，「他人が」問題点を指摘
するのではなく「自分で」問題点を意識することが必要です。いわば，

「潜在的問題点を意識に上げる」

という作業を行うということです（第10章）。

　また，エモコンアンケートには，当然ですが，研修側と受講者側の双方向の
コミュニケーションが取りやすくなるという効果もあります。加えて，「書く」
という作業は，ぼやっとした問題点をクリアに整理するにも役立ちます。

　例えば，コンプライアンスが嫌い，他人とうまくやれない，パワハラの原因
となる怒りをコントロールできないなどの，情動や感情という（右脳的な）要
素が，原因・理由・論理という（左脳的な）思考と「書く」という作業により
融合することによって，バランスの取れた原因分析や思考を，リアリティを
もって行いやすいというメリットもあるのです。

　アンケートでは，主に【図表14−1】に挙げた項目を中心に書いてもらい
ます[1]。

1　ただし，ヒエラルキーが非常に強い組織，失敗が許されない，恐怖でコントロールしている組織
　では，アンケートの内容が人事考課に影響するのではないかという猜疑心をもつことが多いと思わ
　れます。したがって，このような組織では，人事考課には一切影響がないことを事前に表明してお
　くのが肝要です。それでも安心できない場合は（それ自体が大いに問題であることに気づくべきで
　すが），部署だけを記名させて回答は匿名にすることも一考に値します。

【図表14－1】研修前のチェック：エモコンアンケート

ⅰ）コンプライアンスが好きか嫌いか，嫌いならその理由（好きか嫌いかという質問自体が意味不明という回答が相当多いため，この質問自体に疑問を感じている人は，その理由も書いてもらう）

ⅱ）白か黒か明確に判断がつかない問題に対して，どう対処しているか？

ⅲ）コンプライアンスを実施するうえで心がけていること，自分がうまくいかないことは何か？

ⅳ）職場で，どういうコミュニケーションを取っているか？　また，うまくいかないことは何か？

ⅴ）（コンプライアンスに限らず）職場で日頃心がけていること，うまくいかないこと，困っていることは何か？

ⅵ）その他個人であれ，組織であれ，困っていることは何か？

私の経験では，受講者の多くは，

・今まで面と向かってこのようなことを考える機会がなかったので，振り返る機会として役に立った

・コミュニケーションや職場での日頃の問題点がなぜコンプライアンスと関係するか理解できなかった（が研修後は，それこそが大切だということがよくわかった）

・全体からものを考える機会がなかったのでよかった

等の感想を抱いています。

　よく，「病気は自己表現」と言われますが，不祥事も同じです。つまり，

　病気は（多くの場合）内的思考の問題点が「肉体」の外部に顕出することによって生じるが，不祥事は，内的思考の問題点が企業活動（またはプライベートの行動）に現れる

214

のです。だから，外的世界の「行為」だけを規制しても，ほとんど効果はない
わけで，コンプライアンス研修においても，あくまで行動だけではなく，内的
思考の問題点（考え方のみならず，**そもそも「考えていないこと」の問題点**）
に焦点を当てなければならないのです。だからこそ，「ルールではなく，マイ
ンドを変える」ことが重要であり，

統制環境よりマインドの環境整備（第9章）

のほうが重要なのです。

　人は，他人から内的思考の問題点を指摘されると，かえって反発したくなる
のが常ですから，ポジティブな評価（他人から賞賛される）は別としても，ネ
ガティブな評価は，外部からではなく自発的に気づかせることが肝要です。
　そのための第一歩がエモコンアンケートに他ならないのです。

②　バランスホイールを使う＝自分の問題であることに気づく

　エモコンアンケートは，自ら問題点に気づくには有効です。しかし，これだ
けでは，「その問題点は誰がもたらしているか？」という視点が見えにくく，
自分が変わる必要性を理解しづらいという欠点があります。
　第2章でも述べましたが，組織を変える（他人を変える）ためには，まず自
分が変わることが先決です。ところが，職場の問題点や困っていることだけを
明確にしても，（ほとんど多くの場合）根本原因が自分にあることには気づき
にくいものです。そして，下手をすると，上司，部下が悪い，会社が悪いとい
うように，他人のせいにして終わりということになりかねないのです。
　そこで，エモコンアンケートに加えて，さらに自分の現状，つまり「今の自
分の何が足りていて，何が足りないのか」を明確に把握するために，バランス
ホイール（【図表14−2】）[2]を使って検証することが大切となってくるわけで
す。特に重要なのは「足りている項目」または「充たしたい項目」を確認する
ことにあります。

2　現在より詳細な項目を加えて，かつ即座に現状の問題が判明する改良版を作成中です。

【図表14-2】受講前チェック①（記載例）：他人と組織のバランスチェック

〔現在の達成度〕

項　目	現在の達成度
会社収益	5
地域（個人）	4
家庭	4
子供・夫婦	2
健康	2
趣味	5
個人の報酬	5
地域（会社）	1
組織・風通しトップダウンボトムダウン	1
★部下・パワハラセクハラ	3
★労働時間（残業）	5
★業務関連法令	3

〔バランスホイール〕

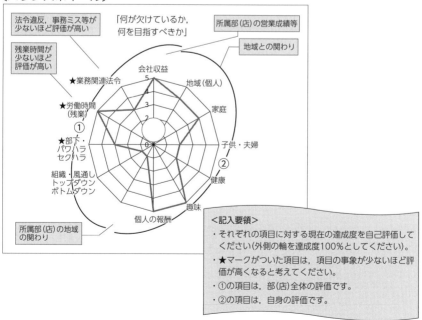

　バランスホイールの見方や使い方の詳細は拙著『もうやめよう！　その法令遵守』（フォレスト出版，2012年）194頁以下を参考にしていただきたいと思いますが，以下では簡単に使い方を述べておくことにします。

(i)　バランスホイールの見方・使い方

　まず，【図表14-2】にあるように，ホイールの左半分は組織の問題（①），右半分は個人（自分自身）の問題（②）と捉え，各項目において，現在の達成度を5段階評価で点数をつけてもらいます。その際，実際のワークシートはエクセルを利用しているため，【図表14-2】の上側「現在の達成度」に数字を入れると，自動的に下側のグラフが作成できるようになっています。

　ここで挙げる項目は，バランスという意味で参考になるおみくじでも使われている八掛象の考え方を応用し，できれば8個以上が望ましいでしょう。

　気をつけるべきことは，ホイールの左半分のうち，★印のついた項目については，各項目の事象が少ないほど達成度が高くなり（5に近づく），それ以外の項目では，事象が多い（関与度，満足度等が多い）ほど達成度が高くなることです。

　この検証を通じて，自分の問題点（何が欠けているか）を把握し，改善する過程を少し説明してみましょう。例えば，趣味がない，不満を述べつつ気がついたら仕事しかしていない，健康（体調）管理が疎か，地域社会ともつながりがない，家庭がうまくいっていない[3]，などに問題点があったとします。これらに気づく（明確に自覚する）ことは，エモコンアンケートと同様，自ら振り返る機会をもつ第一歩となります。

　特に，第10章で述べたように，「プライベートの充実なくしてコンプライアンスなし」が，このバランスホイールを通じて，如実にわかることは重要です。大切なことなので何度も繰り返しますが，趣味や余暇の時間を重視することはエモコンでは大きなテーマです。プライベートが満ち足りていないのに，会社「だけ」で正しいことができるはずがありません。もちろん，プライベートが満ち足りているからといって，必ずしも正しい行為が絶対に取れるとは限りま

3　コンサルタントの礎を築かれた船井総研創業者の故船井幸雄氏は，工場での不良率を減らすためには工具の「家庭が円満であること」が重要だと述べています（正確性にやや欠けるかもしれませんが，趣旨としてはそのようなことであったと思います）。

せんが，少なくとも，破廉恥系の不祥事，パワハラ，セクハラ，弱いものいじめ（下請けいじめ，優越的地位の濫用等）は大幅に減る（または，減る方向へつながりやすくなる）はずです。これらの不祥事の根幹は，他者を支配することによって（他者からエネルギーを奪い取って），自分（自社）の存在感を満たすものですから，自分が満ち足りていれば，これらの行為に出る必要もなく，また，むしろそのような支配，搾取的行為には嫌悪感（不快感）を感じて，誰かから命じられなくてもそもそもやらなくなる（またはそのような環境から自発的に離れるようになる）からです。

　このように，バランスホイールを利用することによって，自分と会社のそれぞれの問題をよりリアルに感じることができるのです。

(ⅱ)　バランスの矯正

　この検証を通じて問題点（何が欠けているか）を把握したら，次に，改善です。この改善策を講じる際に注意しなければならないことは，弱い部分（足りない部分）を無理やり正すことよりは，強い部分をより強化し，または，現状では弱いが，本来はやりたかった（充たしたかった）ことに，より注力することです。これが，コラム26で述べた，「部分ではなく，全体」からの（ホリスティック）アプローチです。

　例えば，残業がどうしても減らないなら，それを減らそうと無理にしないことです。これを無理にやると，「結局やらざるをえない」「残業代が入らないと現実に困る」「綺麗ごとだけでは利益は稼げない」などと，あらゆる言い訳（現状維持機能）が働いて，ストレスが溜まるだけでなく，結果的には，サービス残業が増えるなど問題点が地下に潜るだけに終わりかねません（強制的に残業を規制するやり方がうまくいかない理由がそこにあります）。

　また，残業時間を減らしてもやることがないといって，結局「帰宅恐怖症」が起きて，居酒屋で意味なく時間を過ごすことになりかねないのです（コラム32）。

 コラム32　　コロナ禍は，ある意味「千載一遇のチャンス」

　コロナ禍では，この時間潰しさえ制限されることになりましたが，別の見方をすれば，コロナ禍で変化した世界は，自らの生活を見直す千載一遇のチャンスでもあるわけで，そのように「視点を変える」ことができるかも，とても重要になってくるのです。

　このとき，視点を変えないでいると，どうしても今までのやり方に固執しますが，結果的にはうまく回らないので，ストレスが必要以上に溜まったり，鬱になってしまうのです。

　コラム１でも紹介しましたが，「変化に対応できない」日本の問題点を改めて見直す必要性は，コンプライアンスの世界においても喫緊の課題です。

　したがって，無理やり残業を減らそうとするのではなく，まったく違う視点から，趣味や余暇の時間，または，（人によっては）家庭の時間を「大幅に」増やすことを心がけるのがよいでしょう。つまり，苦痛と思われる時間（深夜残業）を減らすのではなく，楽しい時間を限りなく増やしていくのです。そうすると，当然時間は足りなくなるので，今までとは違ったライフスタイルを取らざるをえなくなります。それは，結果的に効率の良い仕事のスタイルを生み出すし[4]，趣味が高じて副業となれば，そこからの副収入も入り，残業代を当てに嫌々仕事をする必要などなくなるかもしれません。このように，

　得意なこと，やりたいことに意識と行動を向けるきっかけとなるのがこのバランスホイールの特徴

であり，それを通じて「全体」のバランスを矯正することによって，結果的に

---

[4]　タバコ休憩と称して事ある度にスモーキングルームに行くことは何と時間の無駄か！　ということに気づき，やめるだけでも効率はかなり上がります。

「部分」も矯正する＝不祥事から遠ざかる（不祥事に関与することに不快脳が働く）結果につながっていくのです。

■臨場感をアップさせるためのノウハウ

　個人のゴールや組織のゴール（企業理念）がどれだけ素晴らしくても，それが実際の行動に結びついていない例は少なくありません。それにはいろいろと理由がありますが[5]，最大の問題点は，①臨場感・リアリティが備わっていないため，イメージが曖昧なこと，そして②ゴールの仕分け（ゴールに至るまでの視覚化）がしっかりできていないことにあります。

①　企業や組織の特性を考える

　臨場感・リアリティとは，第10章をはじめとして，何度も繰り返しているように「イメージなくしてマネージなし」ということです。つまり，ゴールをビビッドに感じるためには，強いイメージがないと臨場感が湧かないのです。

　例えば，人気テーマパークでの長蛇の列に耐えられるのは，すぐ目の前に楽しいアトラクションがあるからであって，5年後の，しかも将来には存在するかどうかもわからないアトラクションのために，「今」長蛇の列に我慢強く整列するのは至難の技といえます。なぜなら，5年後の楽しみでは，よほどのことがない限りイメージがリアルに湧かないからです。

　イメージの重要性については，不祥事に即して考えてみると，さらに別の観点からも説明が可能となります。

　例えば，ベンチャー企業には，ほとんどの場合，強烈な会社のゴールが存在し，それに共感して入社する人が少なくありません。その意味では，強烈なゴールがどこかへ行ってしまい，専ら権力闘争と支配欲が役員の活動のエネルギー源となっているような（一部の）伝統的な大企業（どことは言わない）とは大きな違いがあります。

　しかし，強烈なゴールが存在するベンチャー企業でも，唖然とするような不

5　白潟敏朗『社長，御社の「経営理念」が会社を潰す！』（中経出版，2012年）は，今でもとても参考になるので一読されることをお勧めします。

祥事が起きることが間々あります。その原因の1つには，他者を縛ったり，縛られたりすることが嫌いで，自由な風土（フラットな組織風土）が真骨頂となっている負の側面として，全体的に規範意識が低い（教育が行き届いていない）ことが挙げられます。

　また，従業員の日々の行動は，ゴールよりも，臨場感が強く感じられる上司や現場の空気に影響を受けやすいという，より根本的な原因も考えられます。上司が体育会系（ヒエラルキーを前提に，有無を言わせず実行させるタイプ）であったり，組織において最低限やるべきことをやるという空気が職場になかったりすると，簡単にその現実に流され，深く考えずに「そんな大事に至ることではない」「周りではみんなやっているし……」という軽いノリで，結果的に不適切な行為を犯してしまうことが非常に多いのです。

　加えて，ベンチャー企業において共通しているのは，①基本的な法的知識・規範意識が不十分である，②「短絡的にものを考える」傾向がある，③「リスク感応度が低い」という点でしょう。特に②③は，リスク・危機管理の経験が乏しいことも相まって，ある行為がステークホルダー（取引所も含む）にどのような影響を及ぼし，どのような結果を招来させるかをイメージする力が弱いことを意味しています。別の言い方をすれば，

　ゴールのイメージだけが先行して（あるいは強すぎて），それが実際の行動に結びついていない，つまり「地に足がついていない」

のです。だから，ベンチャー企業においては，

　夢やゴールを示すだけではなく，夢やゴールが必ずしも正しい行いには結びつかないこと，また，過ちがいかなる重大な結果を引き起こすかについてのイメージをもしっかりと植えつける必要

があります。ただし，ここでも恐怖によって抑えつける（コントロールする）のではなく，臨場感をもってたくさん「ヒヤリハット」を経験させることによって，リスク感応度を上げるという方向性を忘れてはなりません[6]。ここでは，

マインドのあり方もさることながら，ルールの大切さを夢やゴールと「**結びつ
けて**」臨場感を醸成していくことが必要となるからです。

　一方，夢やゴールは「夢のまた夢」となってしまっている場合も少なくあり
ません。特に，一部の大企業や伝統的企業，ヒエラルキーが強く自ら考えて行
動することが良しとされない企業の従業員には，夢やゴールをもつ大切さ，正
しいことをするとどんな良い世界が待っているかを，口で説くだけではなく，
まさに臨場感をもってビビッドに感じさせる必要があります。なぜなら，現状
維持マインドで凝り固まっているケースが極めて多いからです。

②　イメージトレーニングのノウハウ

　このように，イメージや臨場感は，従業員が所属する企業によってその方向
性を間違えないよう工夫する必要がありますが，情動や感情に直接訴え，かつ
五感を通じて無意識下に落とすところまで，継続して明確化させる必要もある
ことは，いずれも共通です。

　その際重要なのは，ポジティブなことだけを考えろというのは，地に足がつ
いていない「ゴールバカ」（下手をすると単に「スピリチュアルおたく」）を生
みかねない一方，ネガティブなことばかりを考えているようでは「現状維持」
からは抜け出せないという点です。この両者をバランスよく融合して，かつコ
ンプライアンスとの関係も体感できるような研修が必要となります。イメージ
トレーニングについては第10章から第12章を参考にしてもらうとして，ここで
は，さらにこのトレーニングに役立つテクニックについて，少し補足をしてお
きます。

　イメージトレーニングには，例えば次のような方法があります。

---

①　映像を使って視点のズレを認識させる[7]
②　ビジュアライゼーション

6　前掲第11章注1・イ・ミンギュ・62頁。
7　「見えないゴリラ」という心理学の実験映像は，「見たいものしかみていない」ものをビジュアル
　に感じるには良いものです（http://www.theinvisiblegorilla.com/videos.html）。

222

③　フリックバック
④　サンドイッチ方式
⑤　アファメーション

（ⅰ）　ビジュアライゼーション

　ビジュアライゼーションとは，第11章でも少し触れましたが，「Ⅰ×Ｖ＝Ｒ」という方式を活用します[8]——つまり，Ⅰ（イメージ）をＶ（ビビッドネス）に感じるためには，自らに語る言葉（セルフトーク），映像（ピクチャー），感情（エモーション）を総動員し，Ｒ（臨場感，つまりリアリティー）を変えていく手法をいいます。

　その際，感情の果たす役割は極めて大きいことを再度強調しておきます。メンタルコーチである池田貴将氏の「感情がともなっていなければ，行動には移せない。これは怠慢ではなく，人間として自然なこと，つまり，私たちが本当に変えるべきなのは『行動』ではなく，行動の原動力である『感情』なのです。感情を変えずに，行動を変えようとするから，失敗してしまうのです」[9]という助言は，極めて示唆に富むといえます。だからこそエモコンでは，他人から評価されて嬉しい，顧客の役に立って楽しい，誇らしいというポジティブな感情を大切にするのです。

（ⅱ）　フリックバック

　ポジティブな感情をうまく利用する方法の１つが，「将来の記憶を過去の記憶を用いて書き換える」[10]フリックバックという手法です（【図表14－3】）。第11章でも「未来の記憶を創る」という表現で説明しましたが，ここではもう少し補足しておきます。

　例えば，ゴールをイメージしよう！　といっても，感受性が低かったり，イメージトレーニングに慣れていないと，よりリアルに未来の姿を描いた時にどのような気持ちになるかをうまく感じられないことが少なくありません。そこ

8　ルー・タイス『アファメーション』（フォレスト出版，2011年），前掲第７章注２・拙著・221頁以下も参照。
9　前掲第11章注３・池田・26頁参照。
10　前掲第２章注１・田島・307頁参照。

【図表14－3】フリックバック

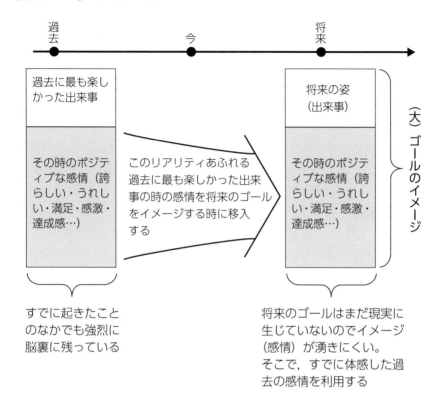

で，そのような場合には，過去の最も楽しかった記憶を，その時の微細な状況（日時や場所だけではなく，天気，風景，季節など五感に感じたこと）も含めて思い出してもらい，それを将来のゴールに「移入して」臨場感をもってイメージしてもらうのです。

「正しいことをしてゴールを達成した」時のイメージの重要性は第11章で述べましたが，それがどんなに誇らしいか，楽しいか，嬉しいかという感覚は，なかなか実感として湧きにくいものです（つまり，ビビッドに体験しにくいのです）。だからこそ，過去の記憶を頼りに，感情を揺さぶることによって，よりリアルに成功のイメージを頭に描くことが必要なのです。

過去をうまく活かすことによって，未来が明確になり，その結果，今にも好

影響が出る。これがフリックバックの仕組みです。

(iii)　サンドイッチ方式

「サンドイッチ方式」とは私の造語ですが，具体的にいうと，不祥事事例を研修で紹介・共有するときに，その前後に必ずプラスのイメージを挟むということです。第6章で，「青い象」の例を説明したとおり，否定形は頭に残りにくく，その現象だけが脳裏に刻まれてしまうので，研修で不祥事やその改善策だけを長々と解説すると，かえってその事象が繰り返されてしまうおそれがあります。しかし，その説明の前後で，組織のゴールや，それを達成したときの誇り，喜び，楽しさ，やりがいの充足度をリアルに感じられるようにすると，不祥事は単に「不快脳が働く事象」として捉えられ，全体としてはプラスのイメージのなかの不快な一事象と位置づけられやすいのです。

その結果，正しいことをして，役に立って喜ばれるという快適事象の達成が主となり，その1つの方策として不快事象（不祥事）を起こさないようにするという関係を明確に位置づけることが可能となります。不祥事の紹介・共有が同様の手口を誘発することがないよう，くれぐれも注意してください。

(iv)　アファメーション

人は1日に数え切れないほど否定的な言葉を自らに問いかけ，そこで作り上げた勝手なイメージで自己の評価を下げていると言われています[11]。また，「人間の考えは，行動を決定し，人間の行動は運命を決定する。このように，自分に対するイメージが行動を決定し，さらには運命までを決定することを「自己規定効果（Self- Definition Effect）」といいます[12]。

これはコンプライアンスにおいても同じです。「つまらない」「やらされている」「息苦しい」「面倒」といったネガティブなワードでイメージしている限り，コンプライアンス研修も当然「そのようなもの」としての扱いになります。しかも，急に「正しいことをしてゴールを達成したときのイメージをしろ」と言われたところで，ポジティブなイメージを作ることは極めて難しく，結果的に「つまらない。やらされ感のあるものをいくらやっても楽しくなるはずがない！」という悪循環に陥ってしまいます。

11　前掲第4章注3・苫米地・62頁参照。
12　前掲第11章注1・イ・ミンギュ・180頁参照。

したがって，ポジティブなキーワードを使って将来のイメージを作り変える（アファメーションともいう）ことが必要なのです。具体的には，

・他者の潜在的期待に応える（エモコン・企業倫理の要）ことで顧客にこんなに喜ばれ，自分も嬉しく思う
・顧客のためになって誇らしい
・多くの人から相談を受け（「よろず相談所」になるということ），自分の存在感が感じられて，やる気が出ている
・正しいことを主張したら予想外に上司に評価されて，会社に貢献した実感がつかめ楽しくなってきた

等，ポジティブなイメージをポジティブな言葉を用いて膨らませる（セルフトーク）ことが重要です。

思考が変われば行動は変わることを，ぜひ忘れないでほしいと思います。

■組織のゴールを明確にする前にやるべきこと

ただし，以上を実践する前に，1つ気をつけてほしいことがあります。それは，組織内で不満が渦巻いていて，経営陣，従業員間に大きな隔たりがあるような場合は，ゴールや将来にではなく，「不満の現状」に臨場感が溢れてしまっているため，ゴールや企業理念を語ってもほとんど効果がないということです。むしろ，かえって白けるだけの可能性が極めて高いのです。そのようなケースでは，以上の方法で研修を行う前に，別の方法で「不満な現状」から「将来を変える」ことに「臨場感を移す」必要があります。

① 不満を一度爆発させる

このような場合は，徹底的に不満を吐き出させる機会を作る必要があります。そして，その際は，社内の誰がやっても不信感が増えることはあっても減ることはないので，第三者によって，まずはその機会を設ける工夫が必須です。

コーチングの基本でもありますが，不満を述べる者に対して，その場で反

論・異論を唱えず，ひたすら聞き役に徹すること。まずは，ここから始めなければなりません。

②　ゴール設定のタイミング

　組織を批判する者には，真に組織を思って（改革を前提に）批判する者，傍観者的な立場で口だけで批判する者（でも自分は何もしない），どこに行っても何をしていても不満を述べる者，等さまざまな人が混じっています。まさに，カオス状態です。

　しかし，当初批判に集中していても，それを吐き切り，そして，少しずつ質問や疑問を投げかけ，自分を振り返るところまでたどり着くと，実は，

> ・自分を変えることが組織を変えるための大前提となること，
> ・自分が変わることによってできること，できないこと，
> ・何を優先的に変えるべきか

等，「不満の分類」ができるようになってくるのです。そうしたなかで，真に組織を改革することを願う人を中心に，その輪を広げていくステップが訪れますが，そこからが，まさに，組織の「強烈なゴール設定」を行うプロセスへとつながっていくわけです。

　「多くの人は不平不満を出し切るステップを踏んで当事者になっていくのだ」

との指摘は，まさに正鵠を射るものなのです[13]。

13　前掲第11章174頁・柴田＝金井・63頁。

■研修をより効果的にするためのノウハウ

① 習慣を変える

第10章で，「思考が変われば行動は変わる」と述べました。それと一見矛盾するようですが，実は，行動を変えることで思考を変えることも可能です。その行動とは，「習慣を変える」[14]ことです。

マインド，なかでも無意識を変えるためには，一度それを意識に上げる必要があることは第10章で説明しましたが，意識に上げることができたなら，次は習慣を変えることです。

１つの習慣を変えるだけでも構いません。これをコンプライアンスに関連づけるとすると，職場でみんなが嫌だと思っている習慣を見つけ，それを廃止あるいは変更することによって，職場の雰囲気を変えられることがあるのです（例えば，今まで不文律となっていたことが，実は職場の風通しを阻害していた犯人だと気づく等）。方法としては，まずはアンケートで，日頃から嫌だと思っている習慣や不文律を指摘してもらい，それを改善していくのがよいでしょう。この方法は，意外と効果があるので，ぜひ試してもらいたいと思います。

ちなみに，後述の瞑想（マインドフルネス）においても，「真の変化を起こすことは容易ではない。それは，呼吸の仕方，食べ方，歩き方，運転の仕方など，ささいな行動を変えていくことから始まる」と解説されています[15]。思考と行動には密接な関係があるため，両者に注目していくことが不可欠です。

② 「アンカー」と「トリガー」を使う─五感に訴える仕掛け

「いつでも引き出せるように人間の脳内に埋め込んだ「ある心理状態もしくは体感状態」のことをアンカーといいます。そして，その心理状態を呼び起こ

14　前掲第３章注２参照。

15　ジャン・チョーズン・ベイズ『「今，ここ」に意識を集中する練習─心を強く，やわらかくする「マインドフルネス」入門』（日本実業出版社，2016年）242頁参照。

228

す「引き金」となるのがトリガー」です[16]。

おどろおどろしい洗脳や催眠術の1つとして紹介されることもありますが，実は，一部のスポーツ選手も同じ手法を使っていると言われています。例えば，試合前にその日の戦略を練っているとしましょう。試合中，ヒートアップしたり，相手のペースに巻き込まれて「我を失う」ことも間々生じます。そのとき，あらかじめ「おでこをたたいたら作戦A，腕をたたいたら作戦B，膝をたたいたら作戦C」というように，ある場所をたたくという「トリガー」で作戦A，B，Cという「アンカー」を思い出すように紐付けておき，自らを取り戻すという手法を用いるわけです。今では普通に行われているこの手法も，旧ソ連では，早くからスポーツ界で活用されていたとアスリートから聞いたことがあります。

この手法は，コンプライアンスにおいても大いに応用の余地があります。例えば，職場で倫理と利益を同時に追求する研修をすることとしましょう。その際に必ず，ボリュームのある生け花（季節ごとに変えるのではなく，同じ花を使う）を用意する，リーダーとなる講師が常に同じ色のネクタイをする[17]，あるいは，静かなリラクゼーションで使われているような音楽や香りを用いるなど，五感に訴える仕掛けをします。そして，研修がうまくいったときの仕掛けを覚えておいて，次回そのような研修を行うときは，事前に同じ仕掛けを利用するのです。そうすると，同じ花，音楽，香りを感知することによって，そのときの気持ちやハッピーな状況（人の役に立って嬉しかった状況）が呼び起こされて，自然と邪な考えから遠ざかることが実際に起こってきます（少なくともそのきっかけになります）。

研修に限らず，職場の長が倫理と利益の追求の話をする際は常に，これらの五感に訴える仕掛けを利用してもいいかもしれません。特に，香りと記憶とが密接に関係していることは，科学的にも証明されており[18]，かなりの効き目が期待できます。

16　苫米地英人『脳を鍛える「超」記憶法』（アスコム，2010年）82頁参照。
17　米国大統領や少なからぬ政治家が，ここ一番の演説をする際に同じネクタイや同系色のスーツを着ることは有名な話です。
18　前掲第14章注15・ジャン・チョーズン・ベイズ・168頁参照。

　実際に私はいくつかの研修で香りを使いました。具体的には，私が出張で訪れる際によく利用する，シンガポールのシャングリラホテルで使われている素敵な香りを使い，リラックスを感じながら，イメージトレーニングを行ったのですが，かなり好評でした。

③　アンガーマネジメント

　研修時にしばしば悩みとして挙げられるのが，感情のコントロールが効かないという点です。とりわけパワハラとの関係でこれは重要です。必要以上に弱いものをいじめるパワハラは，第4章で述べたように不快脳が働く状況が継続してストレス過多になることにより生じることが多いのですが，そうでなくても，性格上「瞬間湯沸かし器」となる人はいます。また，どちらかというと，「できる人」にこの手の人が少なくありません。

　しかし，ビジネスで怒りは基本的に無駄，むしろ意味のないことのほうが多いのです。いわんやパワハラですべてを失っては元も子もありません。これらは，いわゆる「アンガーマネジメント」でかなりのレベルで抑制することができます。ぜひ研修の一部に取り入れることをお勧めします[19]。

④　リラクゼーションの方法を利用する

　最後に，第11章の「エモコンと呼吸法」とも関係しますが，最近流行りつつある，瞑想（マインドフルネス）について少し触れておきましょう。

　ひと昔前は，瞑想などというと「オカルト弁護士？」という反応が返ってきたりしたものですが[20]，近年，米グーグル社等の一流企業がリラクゼーションの一環として瞑想を取り入れるようになって，一気に抵抗感が薄れつつあります。流行りで善し悪しを考える「困った問題」は横に置いておいて，瞑想も実はコンプライアンス，特にエモコンには極めて親和性が高いツールといえます。

　いまだにスピリチュアルなもの，怪しげなものという誤った理解が少なくな

19　少し古いですが，雑誌Tarzan2017年6月22日『「怒り」学』特集は，わかりやすく役に立ちます。
20　私が『「正しいこと」をする技術』（ダイヤモンド社，2009年）を上梓した頃から述べていることで，当時はなかなか理解が得られませんでした。

いのですが，瞑想とは「科学」と言われています[21]。「今に集中する方法」として，そして，エモコンとの関係でいえば何よりも「悪魔の囁きに強くなる方法」として，絶大な効果を発揮します。多くの文献が述べているように，瞑想を通じて呼吸が変わる（呼吸法については，第11章参照）[22]。それによってリラックスできるようになると，「思考の抽象度が上がり」[23]，また，「注意力，集中力，ストレス管理，衝動の抑制，自己認識といった自己コントロールのさまざまなスキルが向上する」ことも科学的に証明されています[24]。思考の抽象度を上げることは，「ダメだとわかっちゃいるけど，やってしまう」行動倫理的な問題点の解決に非常に役立つのです[25]。

　また，「自己コントロール」は，不祥事の原因である強欲，さまざまな言い訳，甘い考え，認識のギャップ，自己保身，無知・無関心，優越感・劣等感といった悪魔の囁きの排除や抑制に多大なる好影響を与えることができるでしょう。私のコンプライアンスコーチング研修でも人数が少ない場合は行うことがありますが，そうでなくても，心が落ち着いた状況で，自らを振り返りつつ未来を拓く環境は，エモコンにおいて不可欠であることを理解しておいてください。

＊　＊　＊

　これまで，従来の「つまらない」「やらされ感」の強い形式的なコンプライアンスから脱却し，自ら進んで正しいことを行う創造性の高いエモコンのステージに読者をお連れすべく，理論と実践の両側面から，実際の研修をベースとして，解説を行ってきました。

21　前掲第11章注15・ケリー・マクゴニガル・50頁参照。ただし，第11章でも述べたとおり，オウム真理教がヨガを信者獲得の入口の道具にしていたことは有名で，ヨガ，瞑想は一歩間違うと，世間から大きく逸脱する危険もあることは十分に認識しておく必要があります。

22　そういう意味では，気功や太極拳でいう站椿功も役に立ちます。站椿功は「立禅」とも呼ばれるように，立った状態での瞑想です。

23　前掲第11章注14・苫米地英人・68頁参照。

24　前掲第11章注15・ケリー・マクゴニガル・18，50頁。

25　米国応用精神生理学会脳波フィードバックのトップの方の方法で瞑想を1年続けると，「被験者のIQの向上効果は持続しており，創造性，集中性，自己認識力も顕著に高くなっていました」と紹介されています（2017年7月17日ライフハッカーの記事より）。

　ここからは，エモコンの効果をより目に見える形で確認していただくための，効果測定について説明していきたいと思います。

■どうやって効果測定するか？

　「やっても，やってもコンプライアンスの各施策が根づいているのか手応えがない」という悩みは，コンプライアンス担当者からよく聞かれます。この「達成感」がないというのは，実は，コンプライアンス担当者のみならず，コンプライアンスを実践するべき現場（ビジネスサイド）においても，同じことが言えるでしょう。

　そこで，少しでも，「変わっ（てき）た」ことを実感できるためのツール，つまり効果測定の手法があれば，解決の糸口を見つけることができる可能性も増えてくることから，以下では，ある金融系の企業で実際に行われているケース（【図表14−4】）を例に取りながら，効果測定の手法について解説してみたいと思います。

【図表14−4】コンプライアンス研修の流れ

事前準備❶ （要報告）	事前準備❷	研修受講	行動計画作成 （要報告）	取組後チェック （要報告）
〔～研修2日前〕	〔研修前日〕	〔研修当日〕	〔研修の約2週間後〕	〔研修の約1か月後〕

	事前準備❶	事前準備❷	研修受講	行動計画作成	取組後チェック
受講者がやること	「所属部店でコンプライアンスに取り組む際の悩み」をメール本文に簡記して，講師に報告 ※代表的な悩みに対し，当日講師よりアドバイスを行う	受講前チェック①～③によるバランスチェックを実施（実施後のファイルは保存しておく）	受講前チェック①～③の結果をプリントアウトして各自持参	「行動計画」を作成し，講師に送付 ・目指すゴールは何か ・ゴールに辿り着くまでやることは何か ・2番目にやることは何か（1か月以内） ・すぐにやることは何か（1週間以内）	・受講前チェック①～③と同じバランスチェックを再び実施し，講師に報告 ・受講前と受講後とでバランスチェックの結果に異なる点があるかを比較し，それはなぜか等を振り返る

232

①　バランスホイールによる事前チェック（受講前チェック①）

　研修に入る前に，受講者に215頁で紹介したバランスホイールによるセルフチェックを行ってもらうのが第一ステップです。

　ここで，受講者の多くは，なぜコンプライアンスの研修にこんなものが必要なのか？　と訝しがりながら，作業することになります。しかし，これが重要なのです。コンプライアンス＝つまらない，面倒だけどやらざるをえないという凝り固まった見方の問題点や，実は余暇の過ごし方も含めて自らが費やすすべての時間，次元における自らのあり方が深くエモコンの達成度合いに関わっていることに気づくためには，現状に疑問をもつことが出発点となるからです。

　何も感じないということは，現状維持の状態に疑問を抱かないということですが，それでは，変化は起こりえません。現状のあり方に「揺らぎ」を起こすことが必要なのであり，それがバランスシートによる「自らの振り返り」にほかならないのです。「どこに今いるのか」がわからない限り，「どこへ行くのか」もわからないことから，まずは，現状の把握が不可欠です。

②　ビジネスにおけるコンプライアンスバランスチェック（受講前チェック②）

　次は，実際のビジネスの現場におけるバランスチェックを行います（【図表14－5】）。

【図表14－5】受講前チェック②（記載例）：コンプライアンス項目のバランスチェック

下記の項目につき，今の店舗の状況を選択してください。

	（部）店舗・社員のレベル	研修等の取組量（時間×労力）	研修等取組みの負担感
セキュリティ意識	4　概ね問題ない	3　時間も労力も指示を満たすレベルで取り組んでいる	4　相当負担である
反社会的勢力への対応	2　物足りない	3　時間も労力も指示を満たすレベルで取り組んでいる	4　相当負担である
資産運用商品の理解・説明	2　物足りない	2　時間も労力もかけていないが取り組んでいる	2　あまり負担に感じない
顧客情報保護	4　概ね問題ない	3　時間も労力も指示を満たすレベルで取り組んでいる	4　相当負担である
組織的犯罪への対応	2　物足りない	3　時間も労力も指示を満たすレベルで取り組んでいる	2　あまり負担に感じない
報連相	3　必要なレベルは満たしている	4　時間も労力も概ね理解できるまで実施している	4　相当負担である

選択肢の例
1：まったく不十分
2：物足りない
3：必要なレベルは満たしている
4：概ね問題ない
5：理想的・十分

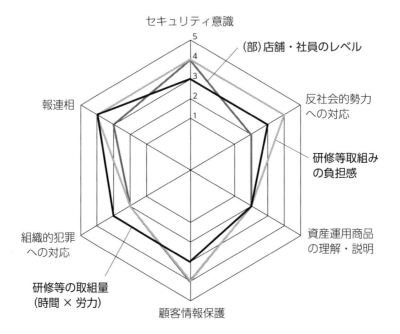

コンプライアンス項目別のバランス

　具体的には，まず，いわゆる狭義の法令遵守体制がどうなっているかを5段階で評価します[26]。そして，どの分野がよくできていて，どの分野が足りないのか一目でわかるよう，自然に反映されるようなバランスホイールによってより視認化できるようにします。

③　ビジネスにおけるゴール，ミッション，企業価値等利益と倫理のバランスチェック（受講前チェック③）

　その次に行うことは，狭義のコンプライアンスから離れて，より高次の意識，価値，ゴール，ミッション等利益と倫理に関するバランスチェックです（【図表14-6】）。

---

[26]　図表で用いられている項目は，ある金融機関で使用されているものであるため，一般向けではありません。項目は，自社にフィットするよう，随時追加変更してください。

【図表14−6】受講前チェック③（記載例）：利益と倫理のバランスチェック

下記の項目につき，今の店舗の状況を記入してください。
※数値イメージに従い，「−5」から「5」までの数値を記入。
※Q6とQ7は実際の順位を記入（正確な数字が不明な場合は大体で構いません）。

コンプライアンス関連	Q1　職場環境は良好ですか。	3
	Q2　仕事にやりがいを感じている社員は多いと思いますか。	2
	Q3　コンプライアンスのイメージはプラスかマイナスどちらですか。	−1
	Q4　営業や事務品質優先のためにコンプライアンスがおろそかになっていると感じることはありますか。	0
	Q5　コンプライアンス推進に尽力していると良いことがあると思いますか。	3
利益追求関連	Q6　現在の営業推進の総合順位は何位ですか。	0
	Q7　現在の事務品質の順位は何位ですか。	0
	Q8　CSレベルは高いと思いますか（カスタマーサービス満足度調査の結果，苦情件数等）。	2
	Q9　社員はムリ・ムラ・ムダなく、効率的に仕事をこなしていると言えますか（超勤時間等）。	−2
	Q10　社員1人ひとりが自己の役割を認識し，強い責任感をもって仕事をしていると感じますか。	2

合計7　合計2

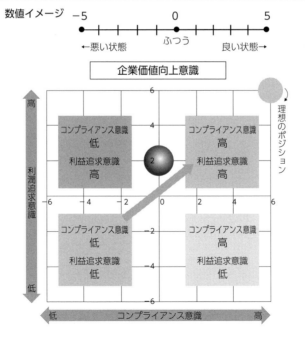

　中身は，従業員満足度調査や意識調査でやっているようなものでもよいし，ゴールやミッションに関する意識への質問でもよいのですが，エモコンの達成においては，この項目は必須です。

④　行動計画

　上記のバランスチェックが終わったら，次は実際の行動にどう落とし込んでいくかを明確にすることが必要となります。

　【図表14－7】では，それをまず将来のゴールを明確にしたうえで，時間軸を現在まで戻して，やるべきこと，実際に行ったこと，それに対する評価（感想）を書くようになっています。実際には，もっと細かなゴール設定をするほうが望ましいのですが，このレベルの設定でも十分に意味があります（可塑性がある子どもや若者でない人に対して最初からあまり細かくゴールを設定すると，かえって嫌になってしまうこともあるからです）。

【図表14－7】受講後チェック（記載例）：行動計画シート

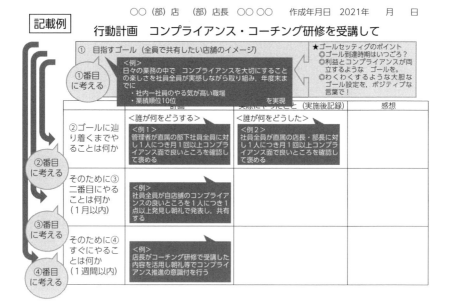

⑤　研修後の確認

　以上が終わったら，実際にエモコンに取り組んだ後に，①〜③と同様のバランスチェックを再度行い，どの項目にどのような変化が現れたか，いわば「before」「after」を比較してみます。逆に言えば，ある研修を行い，「before」「after」を比較すれば，その研修にどのくらいの効果があったかが如実に現れるということです。

　私自身もいろいろな研修を通じて，さらに効果測定をアップデートしていますが，みなさんも上記やこれまでの本書の図表等を参考にして，ぜひ自社にふさわしい効果測定方法を作っていただきたいと思います。

　なお，実際のエクセルシートは，研修のご依頼があった際に無料でご提供致します。

第15章

各社の取組み

■ 野村ホールディングスの場合

執筆者：グループコンプライアンス部

<企業概要>
会社名：野村ホールディングス株式会社
本社所在地：東京都中央区日本橋1-13-1
設立日：1925年12月25日
代表執行役社長 グループCEO：奥田健太郎
事業内容：持株会社
資本金：5,944億9,300万円
従業員数：26,403名（連結ベース）

① エモーショナルコンプライアンス研修前の課題

「コンプラ疲れ」「コンプラがダメと言っている」―これらのコンプライアンスに対するネガティブな反応をなくし，コンプライアンスをポジティブなものとして社内に根づかせるにはどうしたらいいのだろうか，これはコンプライアンス部門として従来から認識していた課題でした。コンプライアンスは「ビジ

ネスを止める存在」「口うるさい存在」ではなく，コンプライアンスはビジネスを成功させる仲間であり，同じ方向を向く仲間であると感じてもらうためには，まずは，コンプライアンスに携わる者の意識から変えていかなくてはならないと考えていました。そのような中，増田先生の「エモーショナルコンプライアンス」という考え方に触れ，すべての役職員が「正しいことをしよう」という前向きな気持ちで目線を上げていくことによりビジネスも盛り上がっていくという好循環をコンプライアンスから巻き起こすことができるのではないかという思いを持ちました。

②　エモーショナルコンプライアンス研修を受けて

当社では2019年3月に，コンプライアンス部門の役員および部長を対象に，増田先生による2日間の「エモーショナルコンプライアンス（エモコン）研修」を実施いただきました。参加者一同，「エモコン」の考え方に感銘を受け，さらに「エモコン」の考え方を社内に広めていきたいと考えていたところ，増田先生から，新たな取組みをリードする「インフルエンサー」役を各部に置くことをご提案いただきました。これを受け，「インフルエンサー」も増田先生の研修を受講し，研修で得たヒントを持ち帰って各部で新たな取組みの実践につなげていきました。

その後，研修の対象者を当社全体に拡大しました。対象は当社の全部店長および各部店の法令遵守推進の担当者です。「自ら考える創造性の高いコンプライアンスへ」「『不正をするな』から『正しいことをしよう』」といった増田先生からのメッセージは，コロナ禍のオンライン形式の研修ではありましたが，受講者にとっても心に響く共感できるもので，「コンプライアンスに対する新しい観点を持つことができた」といった感想が多く寄せられました。

③　『野村グループ行動規範』の公表

エモコン研修を通じて，私たちは「ポジティブなコンプライアンス」，「未来志向のコンプライアンス」の重要性を強く認識しました。当社は2019年12月に『野村グループ行動規範』を公表しましたが，増田先生の研修が策定の契機の1つでありました。『野村グループ行動規範』は，社員1人ひとりが誇りと自

覚，そして高い倫理観を持ち，当社の企業理念を具体的な行動に移すための指針であり，この『行動規範』を私たち自身の中心に据えて行動しています。

④　共感コンプライアンスに関する取組み

『野村グループ行動規範』以外にも，エモコン研修のコンセプトを参考に，「共感コンプライアンス」＝「ポジティブなコンプライアンス」と定義し，社内でさまざまな「共感コンプライアンス」に関する取組みを展開しています。ここではその一部を紹介します。

まず，「草の根メール」という社内のメールマガジンです。当社社員としての「良いコンダクト」＝「良い行い」とは何か，日々の業務だけでなく職場を離れた場面での気づき，好事例や問題意識等の共有を目的に，社員有志が自発的な「草の根」活動として隔週でメールマガジンを配信しています。読者の輪も口コミで広がっています。

また，社員の良い取組みや模範となる行動，すなわち「良いコンダクト」を称える表彰制度を実施する部門が増えました。部門内の好事例・好取組みの共有，社員の「良いコンダクト」を積極的に称賛する雰囲気づくりにつながっています。

⑤　さらなる向上を目指すために

『野村グループ行動規範』制定から2年目の今年度においてさらに浸透を図っていくのは，1年目とは違った難しさがあるものと考えています。前述のような「共感コンプライアンス」に関する取組みについて改善を加えながらさらに取組みを加速させていくとともに，コロナ禍のリモートワークといった新しい働き方や環境変化にも柔軟に対応した取組みも進めてまいります。

野村グループの社会的使命である『豊かな社会の創造─金融資本市場を通じて，真に豊かな社会の創造に貢献する』の実現に向けて，今後もグループの社員1人ひとりが「良いコンダクト」を積み重ね，「ポジティブで，未来志向のコンプライアンス」，そしてレジリエンスの高い組織態勢の構築を目指して取り組んでまいります。

■　東京海上ホールディングスの場合

執筆者：法務コンプライアンス部企画グループ　飯田あずみ，平本威佐

<企業概要>
会社名：東京海上ホールディングス株式会社
本社所在地：東京都千代田区丸の内1-2-1
設立日：2002年4月2日
取締役社長：小宮暁
事業内容：保険業（保険持株会社）
資本金：1,500億円
従業員数：752名

①　エモーショナルコンプライアンス研修前の課題

　近時，世の中において社員による詐欺，横領等の不祥事が頻発しており，社会的にもコンダクトリスクの発現防止やハラスメントの防止など，「社会倫理に適合した行動」，「誠実さ」が求められていることを社内会議等でも議論していました。

　そのため，従来の「ルールで縛るコンプライアンス」ではなく，「当社グループのスローガンである『Good Company』を目指す企業文化を土台としたコンプライアンス」を推進するため，社員1人ひとりの意識面に切り込んだ，新しいコンプライアンスの考え方を浸透させるきっかけとしたいと考え，エモーショナルコンプライアンス（エモコン）研修を実施することにしました。

②　エモーショナルコンプライアンス研修の内容

(i)　グループベースでの集合研修

　2019年度から当社およびグループ会社のコンプライアンス担当者を対象に，グループのスローガンである「『To Be a Good Company』からコンプライアンスを考える」というテーマの下，集合研修方式にて，エモーショナルコンプ

ライアンスの理論編（2019年6月13日）・実務編（2019年10月3日）を増田先生にご講演いただきました。

理論編の感想として，「『正しいことをやろう』という考え方がグループスローガンと通じるものがあり，社風や企業文化になじむ」，「コンプライアンスに関する心理的アプローチ（未来志向，無意識に働きかける）が新鮮で興味深い」などの声がありました。

また，実務編（イメージトレーニング，倫理トレーニング）については，「大ゴール（Vision）実現を想像したときのポジティブな感情の下では行動が正しくなるため社員のマインド転換のためにも，グループスローガンをコンプライアンスの観点から考えることが重要である」，「倫トレにおいて問題の本質を学んだことで，新しいコンプライアンスの目指す姿を理解できた」などの感想が寄せられました。

(ii)　東京海上ホールディングス社員向けコンプライアンス研修

年に一度実施している知識確認のためのeラーニング形式のコンプライアンス研修（択一式テスト）に，2019年度から増田先生の監修の下，社員の意識面に切り込んだ新しいコンプライアンスの考え方を浸透させるため，適切なコンプライアンス行動について考えさせるケーススタディを取り入れました。

2019年度の研修は，コンダクトリスクに関連するシナリオ（判断に迷うような事案）を読み，その行動が正しいと思うか否かを理由とともに回答し（正解はない），その後，シナリオの背景にある問題や望ましい行動について増田先生が解説した動画を視聴するという形式でした。

受講者からは，これまでとは違った視点であり，考えさせる問題でよかった等の感想が寄せられました。

また，2020年度の研修は，2019年度に好評であったケーススタディについて，より臨場感をもって考えることができるよう，シナリオを漫画化し，主人公の行動が正しいと思うか否かを理由とともに回答し，その後，シナリオの背景にある問題や望ましい行動について確認する内容としました。

受講者からは，「これまでコンプライアンス研修というと，とっつきにくく難しい印象があったが，漫画化したことにより，内容がわかりやすく取り組みやすかった」等の感想が寄せられました。

③　エモーショナルコンプライアンス研修を受けて

　2019年度に開催した理論編・実務編を受けて，実際に社内へどのように展開していけばよいか，その具体的な方法を知りたいとの要望があったことから，続編として，「新しいコンプライアンスの考え方研修」展開編をWeb会議形式で開催しました（2020年11月26日）。

　増田先生には，グループ会社の業態を踏まえ，例えば，電話オペレーター等の現場での業務に携わる社員に向けた具体的な展開方法，テクニック等をお話しいただきました。

　展開編の感想としては，「職場で相談しやすい雰囲気の土台はラポールの構築や価値観の共有であり，コンダクトリスクや働きがい向上等にも通じ大切なものである」，「遵守の強制から誇りある行動，過去志向から未来志向への転換等，時代背景にあった考え方であり，早速取り入れたい」など，講演内容に共感する，早速実践したいというポジティブな意見が多く寄せられました。

　また，グループ会社のなかには，全社員向けのコンプライアンス研修にエモーショナルコンプライアンスを取り上げたグループ会社も数社あります。今後取り入れる予定のグループ会社も複数あるため，取組みは徐々に浸透していることを実感しています。

　海外のグループ会社においても「Do the Right Thing」をスローガンとしてエモーショナルコンプライアンスの考え方を展開するとともに，意識調査等でその浸透を確認しています。

④　さらなる向上を目指すために

　コンダクトリスクへの取組みにおいてもベースとなる「Do the Right Thing」といった，より視野を広げたコンプライアンスの考え方として，国内および海外グループ会社に企業文化として浸透させたいと考えています。そのために，国内におけるグループ各社の取組みを横展開するための共有会を開催することを検討しています。業態により研修方法の変更が難しいと考える会社も，すでにエモーショナルコンプライアンスの考え方を研修に取り入れた会社の事例を共有することで，導入のヒントを得たり，グループとしての一体感を

感じられる機会となることを期待しています。

〈社員向けコンプライアンス研修における漫画シナリオの一部〉

■シン・エナジーの場合

執筆者：総務人事部　中村欣秀／コンプライアンス委員会 事務局　藤元祐輔　大河内史子

<企業概要>
会社名：シン・エナジー株式会社
本社所在地：兵庫県神戸市中央区御幸通8-1-6　神戸国際会館14階
設立日：1996年12月25日
代表取締役社長：乾正博
事業内容：エネルギークリエーション（太陽光発電，地熱発電など），エネル
　　ギートレード（電力の売買，需給管理）
資本金：約3億6,700万円
売上高：（2020年度実績）336.3億円
従業員数：149名

---

① エモーショナルコンプライアンス研修前の課題

　1993年に創業した当社は，初めは社員数名の電気工事を営む小さな会社でした。省エネ改修工事等を経て，2009年頃から事業領域が急速に拡大しました。それに従って従業員数も大幅に増えていきました。急速に従業員が増えてきた中で，働く環境の整備は当社の大きな課題でした。コンプライアンスも課題の1つです。

　当社では，策定したコンプライアンス規程に基づき，定期的なチェックシートでの各自・各部でのチェックに加え，コンプライアンス委員会による定期的な啓蒙活動（コンプライアンス朝礼など）を実施していました。その結果，大きなインシデントはなく運用できていました。

　一方で，今後ますます事業拡大していくにつれて，「人」が関わる以上は防ぎきれない事態や，形骸化・形式化が進んでしまうのではないかという懸念がありました。

②　エモーショナルコンプライアンス研修を受けて〜倫理研修・「ちょいガヤ」

コンプライアンスに関わる新たな取組み方を変えたのは2019年のことです。エモーショナルコンプライアンス研修をある意味強制的に全社員向けに実施したところ，多くの社員から好評でした。そのため翌年には，全社員に向けて十分な時間を確保し，２回にわたって倫理研修を実施しました。

実施後の「ちょいガヤ[1]」で挙げられた意見には，次のようなものがありました。

- ・「コンプラ＝してはいけない」と感じていたが前向きに考える，認識を変えるきっかけになった。
- ・やらないといけないから行うではなく，進んで行いたくなるような環境づくりが大切だと感じた。
- ・何を目標にすべきか，部署やチームでGOALを共有してやっていきたい。
- ・個人での道徳観だけでなく，「シン・エナジーの社員ならばこうするはず/しないはず」といった組織全体での道徳観の醸成ができるとよい。

---

③　さらなる向上を目指すために

エモーショナルコンプライアンス研修をとおして，「自ら考え，実行する」ことが当たり前になってきました。今後は新たに入社する社員を含めた全社員向けへの働きかけとして，先述の「ちょいガヤ」でエモーショナルコンプライアンスを取り上げることやコンプライアンス e ラーニングの実施など，形骸化させない仕組みを構築したいと考えています。

またシン・エナジーの会社の理念や使命を体現する指針として，2021年１月に『THE PHILOSOPHY BOOK』を発行しました。シン・エナジーの社員と

1　全社員が，部署を超えたランダムな数人のグループに分かれて，テーマを決めてまたは決めずに意見交換をする制度。毎週水曜日に30分間実施。過去のテーマでは，「幸せについて」「全体会議の会社方針を聞いて」「SDGsについて」などがありました。

248

して，業務を通じてどのように社会課題の解決に貢献していくかを考える取組みです。この『THE PHILOSOPHY BOOK』の理解を深めることや，迷ったときやふとした瞬間に内容を確認する文化の醸成が次なる課題です。

　会社の理念と使命に，自発的なコンプライアンスが組み合わさることで，社員1人ひとりが考えて行動し，他の社員と共有することで，外部の環境がどのように変化していこうとも，シン・エナジーの社員として誇りある行動を目指す仕組みが実現できつつあります。

最終章

グローバルコンプライアンスプログラム（GCP）

　エモコンの旅もそろそろ終わりに近づいてきました。最後に，エモコン研修の発展形としての新たなプログラムを紹介します。

　企業不祥事でも，近頃特に注目されているのが，国内外を問わず子会社の不祥事です。なかでも，海外子会社は，人種，宗教，言語，慣習等が異なるなかで，現地および日本での法令を遵守しつつ利益を上げていかなければならないという，かなり高度かつ難解なオペレーションが要求されます。その結果，うまくいけばよいのですが，不祥事も少なからぬ数で発生しているのが現状であり，多くの会社でガバナンス，子会社管理に頭を悩ませているのが実態です。

　そこで，エモコン的な体制整備を中心として，さらに，万一の不祥事が起きた時でも損害保険で一定金額をカバーできる，新たな視点に基づく取組みとツールを組み合わせた，グローバルコンプライアンスプログラム（GCP）を紹介します。本書をご購入いただいた方には，昨年行われたGCPのオンラインセミナー動画をプレゼントします。詳細はそれを参考にしてほしいと思いますが，以下では，要点だけを述べておくこととします。

■近時の海外子会社不正

　【図表16－1】は，過去5，6年で起きた日本企業の海外子会社が絡む不正事案です。製造業が多いように見受けられますが，被害金額やそれによって科

される制裁金も決して少ない金額ではありません。

【図表16－1】 近時の海外子会社不正

- ✓ LIXIL海外子会社不正（2015年）662億円（不正以外の損失含む）
- ✓ コマツ米州調達センター所長の不正請求案件（2015年）4億円
- ✓ 東芝海外子会社の会計不正（2015年）2,248億円
- ✓ 富士ゼロックス海外子会社不正（2017年）375億円
- ✓ 東芝テック海外子会社不正会計（利益の架空計上）（2017年）6.24億円
- ✓ 大和ハウス工業海外子会社の不正流用（2019年）117億円
- ✓ リズム時計工業海外子会社の原価の過少計上（2019年）4.4億円
- ✓ （海外子会社案件ではないが）三菱日立パワーシステムズのタイにおける贈賄（初の司法取引の適用）（2017年）3900万円の賄賂
- ✓ パナソニック米国子会社贈賄案件（2018年）305億円の制裁金
- ✓ 天馬による外国公務員贈収賄（2020年）2,500万円

　ちなみに米国の連邦海外腐敗行為防止法（FCPA）によるペナルティ（民事，行政，刑事含む）の2020年における最高額は，直近では何とエアバスのUSD3,922million（約4,274億（1ドル＝109円換算）で，他にもゴールドマンサックスがUSD2,906million，というとてつもない高額のペナルティを2020年に科せられています。FCPAの域外適用を考えれば，この規模のペナルティが科せられる可能性があることを，決して忘れてはいけないのです。

■海外子会社の不祥事の原因

　海外子会社不正を犯す主人公は，大雑把に整理すると【図表16－2】のようにパターン化されます。

【図表16－2】海外子会社不正の主人公

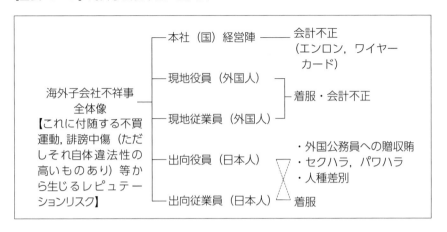

主な共通点としては，

① 現地外国人幹部・従業員による不正が多い→ゴール，企業理念の共有がないか乏しい

② 現地外国人幹部の不正をけん制するシステムが「ソフト」「ハード」両面で，できていない（日本から出向している日本人幹部との間に語学の問題もあり壁が多い）

③ 隠蔽が長期間にわたって起きやすい環境がある＝現状維持マインド

④ ルールができていても本社に都合の良いものでしかなく現場では役立たない（ゼロトレランス方式ルールは現場では役立たない）

⑤ 本国の売上至上主義，現地差別主義→安い労働力を活用するのが問題ではなく，「利用」する意識が問題＝現地への「意識の差別」に問題あり

⑥ 外国公務員贈収賄は，日本本社の日本人幹部が直接関与するケースが多い＝本社の覚悟の欠如

を挙げることができるでしょう。

　なかでも①に関しては，KPMGの調査では【図表16－3】のとおり，「『行動規範等』の倫理基準の未整備または不徹底」が，海外子会社不正の原因とし

【図表16－3】不正発生の根本原因／不正の発見経路

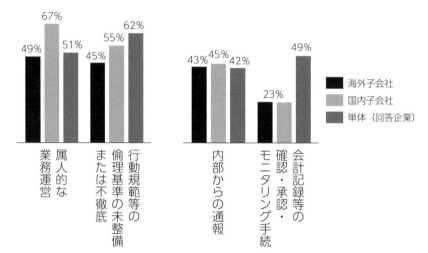

出典：Fraud Survey　日本企業の不正に関する実態調査（KPMG）
　　　https://home.kpmg/jp/ja/home/insights/2019/03/fraud-survey-6.html

て国内子会社の不正原因以上に重要な要素として挙げられています。

■見直すべき視点

　このような実態を見たとき，海外子会社不正を撲滅するために見直さなければならないのが，以下の視点です。

---

① 　内部統制システムの見直し，強化は必要だが，それだけでは限界がある＝すべての不正は排除できない
② 　withコロナの時代で現場を重視しながら本社の視点（ゴール）を浸透させることができていない＝現場での臨場感重視の体制作りが急務
③ 　本社と距離がある点もさることながら，なぜ「不正を犯してしまうか」が「不正のトライアングル」のレベルで思考停止しており，さらに深堀した不正を犯す心理状況の検証やそれを改善する方策を捉えていない

④　VUCAの世界のなかで，マニュアルのみで1つの答えを前提に行動規範を構築するのは極めて危険→「認知の壁」「納得の壁」のみならず頭でわかっていても行動が伴わない「限定された倫理性」の壁を乗り越える方策を取らない限り，いつまでたっても不正はなくならない

⑤　レジリエンスの発想を取り入れないと，いつまでたっても「不正のもぐらたたき」だけに終わり，根本的な解決にならない＝ゼロトレランスからの決別

これを見て，ここまでエモコンの理論と実践にお付き合いしていただいた方ならもうおわかりだと思いますが，まさに，エモコンで必要とされるべきすべての視点が海外子会社不正防止には必要なのです。特に，本社と子会社の距離が物理的に離れているなかで，先ほど述べたような人種，宗教，言語，慣習等の壁（心理的距離）が存在する環境では，強烈なゴール設定と，ゴールとそれを共有する理論や技術がどうしても不可欠となってくるのです。まさに，

「広く散らばった組織をまとめる接着剤」となるのがゴールであり，それを活用するエモコンなのです。

エモコンが，海外子会社不正にも，有力な処方箋となることがおわかりいただけると思います。

■GCPとは

詳細は，章末資料と無料プレゼントの動画にお譲りしますが，一言でいえば，GCPとは，

従来の不正調査・予防スキームも活用しながら，エモコンの新たな視点とノウハウをふんだんに取り入れて，ガバナンス体制，研修体制の見直しと新たな取組みによる不正予防（リスクマネジメント）から実際に不正が発生したときの事後処理（クライシスマネジメント）までを一気通貫で行うプログラム

をいいます。

　具体的には，不正の発見予防には公認会計士，また，クライシスマネジメントにはその道の専門家とタイアップして，プログラムの充実度を上げるとともに，研修ではVR研修を積極的に活用し，遠距離でも臨場感を落とさない研修体制を構築します。

　さらに，特徴的なこととして，GCPに基づく体制整備（統制環境のみならず，マインドの環境整備）を整えた海外子会社に万一不正が生じた場合でも，保険会社（あいおいニッセイ同和損保）と連携し一定の範囲で損害保険が適用されるという画期的な取組みも行います[1]。

　それによって，不祥事は完全に防ぐことはできないものの，それが生じたときのリスクを最小限化し，すばやく回復していくことができるレジリエンスに即した体制整備を行っていくのです。

　エモコンをぜひ活用して，実効力のある，そして，何よりもハッピーな組織となるように，みなさんが取り組まれていかれることを，心から祈念しています。

1　損害保険の仕組上，現在は海外子会社の不正のみにしか対応できませんが，国内子会社への対応については，個別にご相談ください。

【章末資料】 GCPの概要

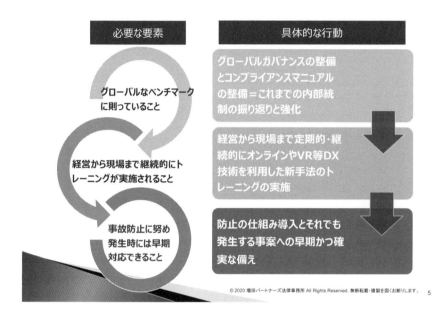

必要な要素

グローバルなベンチマーク
に則っていること

経営から現場まで継続的にト
レーニングが実施されること

事故防止に努め
発生時には早期
対応できること

具体的な行動

グローバルガバナンスの整備
とコンプライアンスマニュアル
の整備＝これまでの内部統
制の振り返りと強化

経営から現場まで定期的・継
続的にオンラインやVR等DX
技術を利用した新手法のト
レーニングの実施

防止の仕組み導入とそれでも
発生する事案への早期かつ確
実な備え

1. **VRを含むオンライン活用した定期的・継続的なエモーショナル コンプライアンス
   研修　（EGCP）**
   ① 臨場感のない現状の研修では「他人事」の壁を突破できない＝「一人称」で
   体感できる機会の重要性
   ② イメージ無くしてマネージなし＝イメージトレーニングVR研修
   ③ 潜在意識に届く手法＝非言語によるインプットの活用
   ④ 楽しく積極的に研修に参加できる研修プログラム

2. **現場に響く理論と実践に基づく倫理トレーニング**
   ① 「正しさ」とは絶対的ではなく、相対的であることを学ぶ＝結果を覚えるのでは
   なく、「判断プロセスを磨くこと」が重要であることを学ぶ
   ② 種々の事例を通じて、受講者一人一人の「判断プロセス」を検証する
   ③ 不正の誘惑に対する抵抗力を上げる必要性、重要性を学ぶ
   ④ 危機管理の一貫として「不正に至るまでの予測プロセス」を鍛える

3. **異文化において深層部に届くコミュニケーションスキルを習得**
   ① ラポールを深層部で築かない限り現地幹部の不正は予防できないことに着目
   ② コミュニケーションにおいても非言語のコミュニケーションを重視

4. ガバナンスの検証およびコンプライアンスマニュアル検証サポート

① ヒアリング&Due Diligenceによる現状測定
② グローバルベンチマークによるレビュー
③ コンプライアンスマニュアルの見直しサポート
④ 海外関連各社へのグローバル対応も可能

5. コンプライアンス事案対応サポート

① マニュアル運用のサポートを通じ、同時に発生するコンプライアンス事案の対応を相談・サポート
② 早期対応による早期解決から再発防止までの一貫した仕組みを構築
③ 内部の相談窓口設置をサポートし積極的な対応の仕組みを構築

6. 役員・管理職へのコンサルティング&コーチング

① 健全な組織を継続的に作って行くビジョンの構築
② 全社へのトレーニングを徹底させるリーダーシップトレーニング
③「重大事案の解決」シミュレーションを含む「想定外」へのトレーニング
④ 事案の際に窓口となる役員・幹部へのコーチング

現地にて実際に発生するコンプライアンス事案対応に際しては、速やかに危機管理体制を構築することが最重要ポイントとなります。EGCPは「サポートプログラム」+「保険」の融合をコンセプトとして、コンプライアンス事案に対応する法務費用やメディア対応実施に関するコンサルティング費用の90％相当額を補償する「EGCP対応費用保険」が付帯されています。

※ なおこのご案内は、保険の募集を目的としておりません。保険の内容については、引受け保険会社であるあいおいニッセイ同和損害保険株式会社の代理店へお問い合わせください。

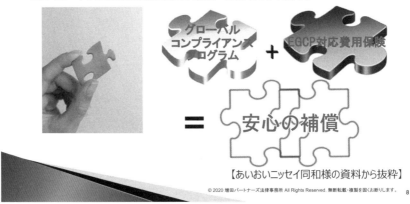

【あいおいニッセイ同和様の資料から抜粋】

補償対象事由が生じた場合に、企業ブランドイメージの回復または失墜防止のために必要かつ有益な措置を講じることによって貴社（日本本社）が被る補償対象損害に対して、保険金が支払われます。

（注1）補償対象事由とは…

お引受けに際し別途定める事由であって、その事由の発生またはその事由への対応いかんによって、被保険者の事業活動等に影響を与えるおそれのある危機に直面し、営業収益の減少をもたらすおそれのあるものをいいます（公序良俗に反するものは除きます）。 例えば、次の事由を想定しています。

具体例 「使用人ほか構成員の犯罪行為」「使用人ほか構成員のSNSにおける不適切な投稿」など

（注2）補償対象損害とは…

お引受けに際し別途定める費用であって、補償対象事由の発生により生じる各種費用をいいます。
例えば、次の費用を想定しています。

1. **コンプライアンス事案対応法務費用**
2. **危機コンサルティング対応費用**
3. **コールセンター対応費用**

【あいおいニッセイ同和様の資料から抜粋】

コンプライアンス事案対応法務費用

コンプライアンス補償対象事由に関するリーガル対応をする際に、弊法律事務所を起用した場合の法務費用をいいます。

危機コンサルティング対応費用

補償対象事由に関する広報活動について、被害者および被保険者以外の外部専門業者をコンサルタントとして起用した場合の費用をいいます。

ポイント

不正・不祥事等発生時における初動対応・法務対応・メディア対応には細心の注意を払う必要があり、弊法律事務所や危機対応コンサルタントの活用、発表のタイミング、会見の有無、謝罪文を含めたお詫び内容等につき法的アドバイス及びコンサルティングを受けることが賢明です。これらの対応費用は、高額になることが予想されます。

【あいおいニッセイ同和様の資料から抜粋】

コールセンター対応費用

補償対象事由に対する積極的な情報発信・お問合わせ・クレーム等への対応のために設置する通信業務のコールセンター業者への委託費用を担保します。

ポイント

不正・不祥事等発生時には、顧客・一般消費者への積極的な情報発信及びお問合わせ等に備え、コールセンター業者へ対応を委託することも考慮しなければなりません。コールセンター業者に支払う費用は、1オペレーター1時間0.5万円と言われており、1日8時間/10名体制/60日とすると、0.5万×8h×10名×60日で2,400万円と、高額になります。

【あいおいニッセイ同和様の資料から抜粋】

11

	プラチナ	ゴールド	シルバー
GCマニュアル・ガバナンスの検証（CPA+Lawyer）	■フルレビュー ・検証&過不足の指摘 　→ヒアリング&DDによる現状測定 　→グローバルベンチマークを活用 　→書面で報告 ■対象者 ・国内＋海外（2ヶ所）	■フルレビュー ・検証&過不足の指摘 　→ヒアリング&DDによる現状測定 　→グローバルベンチマークを活用 　→書面で報告 ■対象者 ・国内または海外（2ヶ所）	■簡易レビュー ・書面での報告は過不足のみ検証・指摘 ■対象者 ・国内のみ
GCアドバイス&サポート	・フルレビューに基づく詳細な現状レポートによる改善案 ・マニュアル類の加筆・修正 ・現状の根本的見直し	・フルレビューに基づく詳細な現状レポートによる改善案 ・マニュアル類の加筆・修正	・簡易レビューに基づく簡易レポート（過不足の指摘のみ）
トレーニング・研修（※）	各2回 ・エモコン理論研修 ・イメージトレーニング（VR） ・倫理トレーニング ・役員研修	各1回 ・エモコン理論研修 ・イメージトレーニング（VR） ・倫理トレーニング ・役員研修	各1回 ・エモコン理論研修 ・イメージトレーニング（VR） ・倫理トレーニング
コンサル・コーチング	・20時間までの法律相談 ・役員・部長の個人コーチング×3回	・20時間までの法律相談、または役員・部長の個人コーチング×3回	なし
情報提供サービス	・会計事務所ネットワークへのアクセス（150国） ・法律事務所ネットワークへのアクセス（欧米主要国、東南アジア諸国） ・指定国（2ヶ所）からのニュースレター入手	・会計事務所ネットワークへのアクセス（100国） ・法律事務所ネットワークへのアクセス（欧米主要国、東南アジア諸国） ・指定国（1ヶ所）からのニュースレター入手	・会計事務所ネットワークへのアクセス（50国） ・法律事務所ネットワークへのアクセス（欧米主要国、東南アジア諸国）

(※)オプションとして、Compliance Officer研修

増田パートナーズ法律事務所
MASUDA & PARTNERS LAW OFFICE

おわりに

1995年5月に重度障がい児として第一子を授かって以来，私の生き方は大きく変わりました。その子はわずか3年10か月で一度も病院から出ることなくこの世を去りますが，失意の中で2度の海外留学やメリルリンチ日本証券での社内弁護士，法務部長としての経験を経ながら，生きる意味，自分の使命を探り，いち法律家として，何を社会に提供できるのか，日々葛藤し，模索してきました。

その中で，単に法律の枠組みにとらわれず，マインドを変え，組織を活性化させ，プライベートも仕事も充実させることの必要性と重要性を説くために，多くの知識の習得と経験を経て，「エモコン」はでき上がったのです。

「東洋と西洋の智慧を統合して，より良い法治社会を構築すること」を自らのゴールとして歩んできた中で得た「エモコン」の理論と実践を少しでも皆さんにお役に立てていただくことができれば，望外の幸せです。

この過程の中で，私の法律家としての基礎を築いていただくとともに，常に広い視野から物事を捉える重要性を叩き込んでいただいた故渥美東洋中央大学名誉教授のご指導に，この場を借りて深謝申し上げます。そして，コーチングの第一人者であった故ルー・タイス氏や認知科学者の苫米地英人博士からは，講義・書籍を通じて多くのことを学ばせていただきました。深く感謝致します。

また，本書の作成にあたり，中央経済社の石井直人氏，通常の弁護士業務や研修のアシストのほかにも本書の校正をお手伝いいただいた弊所の担当秘書にもこの場を借りて心から御礼申し上げます。さらに，私の「ワークライフコンソリデーション」の一端を担う写真の世界において指導をいただいたスポーツ写真の大家である水谷章人氏および水中写真家の清水淳氏，また，（1人ひとりの名前は省略させていただきますが）これまで多くを支えてくれた友人・仲

間，私の執筆時に率先して弁護士業務を手伝ってくれているアソシエイト弁護士のみなさんや弊所の事務局のみなさんにも感謝の意をお伝えしたく思います。

　最後に，かなり「独自」な生活パターンを理解してくれている妻に改めて感謝するとともに，私に大切な生き方を気づかせてくれた亡き第一子，そして，現在，海外で日々葛藤しながらも元気に留学生活を送っている，今の2人の子どもたち（高校生，中学生）には，世界に羽ばたくようエールを贈る意味で本書を捧げたいと思います。

2021年5月吉日　山荘にて

【著者紹介】

増田　英次（ますだ　えいじ）

日本国およびニューヨーク州弁護士
増田パートナーズ法律事務所　創業＆代表パートナー

（経歴）

1987年	中央大学法学部法律学科卒業，同年司法試験合格
1990年	第一東京弁護士会に弁護士登録，西村あさひ法律事務所（当時西村総合法律事務所）入所
1996年	イェール大学法科大学院（Yale Law School）客員研究員（企業不祥事の研究に従事）
1998年	メリルリンチ日本証券株式会社（現BofA証券株式会社）において社内弁護士として勤務。法務部長（個人顧客部門）兼執行役員も歴任
2003年	コロンビア大学法科大学院（Columbia Law School）修士課程修了（LL.M.）
2006年	ニューヨーク州弁護士登録
2008年2月	増田パートナーズ法律事務所を設立

　野村證券株式会社社外取締役（監査等委員），GMOインターネット株式会社社外取締役（監査等委員），ジャパン・ホテル・リート投資法人執行役員，auフィナンシャルホールディングス株式会社社外監査役，日本証券業協会倫理委員会委員ほか，複数の上場，未上場会社で社外役員，社外監査役，コンプライアンス委員会委員等を歴任。

　2020年度Asia Business Law Journalの「Japan's Top 100 lawyers 2020」に選出。その他数年にわたり，Best lawyers in Japanに選出されるなど受賞歴多数。

　著書に「エモーショナルコンプライアンスの理論と実践」（BUSINESS LAW JOURNAL 2016年12月号～2018年1月号），『正しいことをする技術』（ダイヤモンド社，2009年），『もうやめよう！　その法令遵守』（フォレスト出版，2012年），『人生を変える正しい努力の法則』（かんき出版，2014年）等がある。

　また，「ワークライフコンソリデーション」を実現すべく，オリンパスからプロサポートを得て水中写真，スポーツ写真を中心に写真の創作活動にも従事。3度に渡る冬季オリンピックやワールドカップ等で撮影を行うとともに数度の個展も開催。日本スポーツ写真協会監事も務める。

その他，AIPS（国際スポーツ記者協会）会員，ダイブマスター（PADI），サケ・エキスパート，ウェルエイジングアドバイザー等の資格も有する。

●プレゼントその他のお知らせ

　本書第14章末尾でお知らせしましたが，本書をご購入後，実際にエモーショナルコンプライアンス研修の受講をお申し込みされる企業様には，同章でご紹介した効果測定シートを無償でご提供します。

　また，本書をご購入後，第4章でご紹介した新しいVRコンテンツを用いた研修の受講をお申し込みされる企業様には，当該VR研修の費用を2割引とさせていただきます。

　新しいVRコンテンツの詳細については，増田パートナーズ法律事務所のWebサイト（http://www.msd-law.com/campaign/）をご覧ください。ご使用のスマートフォンにQRコード読み取り機能がある場合，下記QRコードによるアクセスも可能です。

　最終章でご紹介したグローバルコンプライアンスプログラム（GCP）を説明したオンラインセミナー動画については，エモーショナルコンプライアンス研修やVRを用いた研修の受講をお申し込みされない方でも，お問い合わせいただいた方には無償でご提供します。

　上記のいずれについても，info@msd-law.comもしくは03-5282-7611までお問い合わせください。

遵守の強制から誇りある行動を導く
エモーショナルコンプライアンス

2021年7月5日　第1版第1刷発行
2023年7月10日　第1版第3刷発行

著　者　増　田　英　次
発行者　山　本　　　継
発行所　㈱中 央 経 済 社
発売元　㈱中央経済グループ
　　　　パ ブ リ ッ シ ン グ

〒101-0051　東京都千代田区神田神保町1-35
電話　03 (3293) 3371 (編集代表)
　　　03 (3293) 3381 (営業代表)
https://www.chuokeizai.co.jp
印刷／㈱堀 内 印 刷 所
製本／㈲井 上 製 本 所

Ⓒ 2021
Printed in Japan